탈춤 · 적빈

심훈 / 백신애

황공의 최후 / 꺼래이 / 혼명에서 / 어느 전원의 풍경

SR&B(새로본닷컴)

김명국의 〈박쥐를 날리며〉

〈베스트 논술 한국대표문학(전60권)〉을 펴내며

어린 시절의 독서는 평생의 이성과 열정을 보장해 줄 에너지의 탱크를 채우는 일입니다. 인생의 지표를 세울 수 있는 가장 믿을 만한 방법이기도 합니다.

새로 접하는 사물의 이치를 터득하려면 그 정보를 대뇌 속에 담는 프로그램이 마련되어 있어야 합니다. 그 프로그램을 구축하는 가장 효과적인 방법이 지속적인 독서입니다. 독서는 책과 나의 쌍방향적인 대화이며 만남이며 스킨십입니다.

그러나 단순한 독서만으로는 생각하는 힘과 정확히 표현하는 힘을 키울 수 없습니다. 〈베스트 논술 한국대표문학〉은 이에 유의하여 다음과 같이 편찬하였습니다.

① 초·중·고 교과서에 실린 고전 및 현대 문학 작품부터 〈삼국유사〉, 〈난중일기〉, 〈목민심서〉 등 우리의 정신을 일깨워 주고 우리에게 지혜와 용기를 준 '위대한 한국 고전'에 이르기까지 한 권 한 권을 가려 뽑았습니다.

② 각 권의 내용과 특성을 분석하여, '작가와 작품 스터디', '논술 가이드' 등을 덧붙여 생각하는 힘, 표현하는 힘을 키울 수 있도록 각 분야의 권위 학자, 논술 전문가들이 심혈을 기울였습니다.

③ 특히 현대 문학 부문은 최근 학계에서, 이 때까지의 오류를 바로잡아 정확한 텍스트를 확정한 것을 반영하였고, 고전 부문은 쉽고 아름다운 현대 국어로 재현하였습니다.

④ 각 작품에 관련된 작가의 고향을 비롯한 작품의 배경, 작품의 참고 자료 등을 일일이 답사 촬영하거나 수집·정리하여 화보로 꾸몄고, 각 작품의 갈피 갈피마다 아름다운 그림을 넣어, 작품에 좀더 친근감 있게 접근할 수 있도록 하였습니다.

이 〈베스트 논술 한국대표문학〉이 여러분이 '큰 사람', '슬기로운 사람'이 되는 데 충실한 밑거름이 되기를 바랍니다.

〈베스트 논술 한국대표문학〉 편찬위원회

심훈

〈상록수〉의 고향인 충청 남도 당진군 송악면 부곡리

영화 〈먼동이 틀 때〉를
단성사에서 개봉할
무렵의 심훈(오른쪽)

〈상록수〉에 등장하는 실제 인물들(앞쪽 왼쪽에서 두 번째가 실제 주인공인 심재영)

친구들과 함께한 심훈(오른쪽)

〈상록수〉의 실제 주인공인 심재영과 그의 아들

상록수 공원 내의 최용신 유물관

심훈의 〈그 날이 오면〉 시비

최용신 어록비

상록수 공원에 있는 어록비

상록수 공원에 있는 최용신을 기리는 글

심훈 선생 고택 기념비

백신애 문학비

백신애의 고향인 경상 북도 영천

경기도 안산 상록수 공원에 있는 〈상록수〉의 여주인공 최용신의 묘

차례

심훈

탈춤

황공의 최후

탈춤

사람은 태고로부터 탈*을 쓰고 춤추는 법을 배워 왔다. 그리하여 제각기 가지각색의 탈바가지를 뒤집어쓰고 날뛰고 있으니 아랫도리 없는 목도깨비가 되어 백주에 큰길을 걸어다니기도 하고, 때로는 제웅 같은 허수아비가 물구나무를 서서 괴상스런 요술을 부려 같은 인간의 눈을 현혹케 한다. '돈'의 탈을 쓴 놈, '권세'의 탈을 쓴 놈, '명예', '지위'의 탈을 쓴 놈……. 또한 요술쟁이들의 손에서는 또한 '연애'라는 달콤한 술이 빚어 나온다. 모든 무리는 저희끼리 그 술을 마시고 환호한다. 그러나 눈 깜짝할 사이에 향기롭던 그 술은 사람의 창자를 녹이는 '실연'이란 '초산'으로 변하여 버리는 것이다.

옛날에 짐새가 한번 날아간 그늘에는 온갖 생물이 말

---

* **탈** 나무, 흙, 종이 등으로 만든 얼굴의 형상. 얼굴에 탈을 쓰고 추는 춤에는 봉산 탈춤이 유명하다. 봉산 탈춤은 황해도 봉산 지방에서 전하여 내려오는 탈춤으로, 산대놀음 계통의 것으로 단옷날에 행해진다.

봉산 탈춤

라 죽는다 하였거니와 사람의 해골을 뒤집어쓴 도깨비들이 함부로 장난을 하는 이면에는 순결한 처녀와 죄없는 젊은 사람들의 몸과 영혼이 아울러 폭양에 시드는 잎과 같이 말라 버리고 만다.

그러나 그 탈을 한 껍데기라도 더 두껍게 쓰는 자는 배가 더 불러 오고 그 가면을 벗으려고 애를 쓰는 자는 점점 등이 시려울 뿐이다. 그리하여 모든 인간은 온갖 모양의 탈을 쓰고 계속하여 춤을 추고 있다.

결혼 식장
예배당

종대에는 종이 울고 마당에는 자동차와 인력거가 들어찼다. 누구의 결혼식인지 성대히 거행되는 것이다. 이윽고 결혼 행진곡의 풍금소리가 예배당 안에 모여든 사람들의 마음을 긴장시키며 정문이 무거이 열린다. 목사는 성경을 들고 엄숙한 태도로 화초분과 화환으로 혼란히 장식된 단 앞에 서서 신랑을 맞이한다.

연미복을 입은 신랑이 베스트맨들에게 호위되어 점잔을 빼고 들어온다. 한편에서는 눈같이 흰 면사포를 쓴 신부의 행렬이 행진곡에 발을 맞춰 조심스럽게 신랑의 곁으로 가까이 온다. 예식에 참례한 마나님들과 아낙네들은 신부의 얼굴을 보려고 기웃거리며 수성댄다. 신부는 백합꽃같이 청초하다. 그러나 그의 얼굴은 새벽 달빛처럼 창백하여 혈색이 돌지 않고 웬일인지 곁에서 부축해 주는 사람만 없으면 금세라도 쓰러질 듯하다. 시름없이 내리깔은 두 눈에는 이슬을 머금은 듯 눈물의 흔적이 아직도 사라지지 않은 채 있다. 마침 신랑 신부가 나란히 서서 목사의 앞으로 걸어들어올 때 십자가를 새긴 정면 유리창에는 홀연히 괴상스러운 시커먼 그림자가 어른거리다가 사라진다. 이 그림자를 바라본 신랑은 한 걸음 주춤 물러서며 울렁거리는 가슴을 억지로 진정하느라고 애를 쓴다.

결혼식이 순서를 밟아 진행되어 가는 중 신랑이 신부에게 결혼반지를 끼워 준 후에 목사는 음성깊이 반쯤 떨며 여러 사람을 향하여,

"여러분! 이 두 사람의 결혼식에 대하여 이의가 없으십니까? 지금 이 당장에 말씀하시지 않으면 따로이 말하지 못합니다."

장내는 쥐죽은 듯이 고요해졌다. 이의를 말하는 사람이 없다. 목사는 안심하고 기도로 무사히 예식을 마치려 한다. 여러 사람은 머리를 숙인다. 이 때이다! 별안간에 맞은편 유리창이 활짝 열리자 어린아이 하나를 안은 괴상한 그림자의 정체가 나타나며 예배당이 떠나갈 듯이 무어라고 고함을 지른다. 하늘로 뻗친 흐트러진 머리와 불을 뿜는 듯한 두 눈은 맹수와 같이 신랑을 쏘아본다. 여러 사람은 과도로 놀란끝에 정신 잃은 사람들 모양으로 눈들을 크게 뜨고 어찌된 영문을 몰라 어리둥절한다. 괴상한 사람은 말없이 성큼성큼 신랑 앞으로 다가들어 안고 있던 어린아이를 신랑에게 안겨 주려 한다.

"어억."

소리를 지르고 신랑은 얼굴을 가리고 쩔쩔매다가 뒷걸음질을 치고 목사는 쥐구멍을 찾는다. 동시에 신부는 그 자리에 혼도하여 쓰러진다. 그럴 즈음에 괴상한 사람은 어린애를 내려놓고 신부를 들쳐안고서 몸을 날려 어디론지 사라져 버렸다.

결혼식장은 그만 수라장이 되고 말았다. 무슨 까닭으로 결혼식장에서 이런 풍파가 일어났으며 신부를 빼앗아 가지고 종적을 감춘 괴상한 사람은 대체 누구일까? 이 영화 소설이 회수를 거듭함을 따라 수수께끼 같은 이 놀라운 사건의 진상이 차차 드러날 것이다.

우연한 기회 (1)

쓸쓸한 이 땅에도 봄은 찾아왔다. 포근히 내려쬐이는 석양이 자애 깊은 대머리의 손과 같이 대지를 어루만지는 어느 날 오후였다. 법학 전문

학교 운동장 한 모퉁이, 신록이 연둣빛 안개로 피어오르는 나무 그늘에 테니스 코트가 있으니 학생들이 하학 후에 유쾌히 공을 치고 있다.

공이 아웃이 나서 나무판장 너머로 날아간다. 그 중에 공을 넘긴 한 학생이 쫓아가 집으려 하나 담이 높아서 뛰어넘지를 못하고 동무들을 부른다. 공을 같이 치던 학생들이 판장 밑으로 몰려가서 한 사람이 엎드려 무동을 서고 한 학생이 올라서서 담을 넘으려 한다. 담 밖은 좁은 행길이어서 건너편 골목으로부터 나이는 열팔구 세쯤 되어 보이는 청초하게 생긴 여학생 한 사람이 책보를 끼고 좀 피곤한 걸음으로 걸어온다. 공이 굴러가는 언덕진 길을 걸어올 즈음에 프로펠러 소리가 유난히 들리며 비행기가 여학생의 머리 위를 지나간다. 그는 하늘을 쳐다보며, 무심히 오다가 공을 밟고 미끄러진다. 판장 위에 섰던 학생, 선뜻 내려서며 주저주저하다가 책보에 묻은 흙을 털며 여자의 곁에 놓고 일으켜 주고자 하나 손을 대지 못한다. 여자는 무릎을 짚고 간신히 일어나 좌우를 살피다가 모르는 남자가 곁에 서 있는 것을 보고 얼굴을 붉힌다. 그는 금년에 ××여자 고등 학교를 졸업한 '이혜경'이었고, 곁에 서 있는 학생은 '오일영'이니 올봄에 법전을 졸업할 청년으로 학과보다도 시 쓰기를 즐겨 동무들은 그를 '법시인'이라고 별명을 지어 부른다. 일영은 모자를 벗고 공손히 머리를 숙이며,

"미안합니다. 과히 다치지는 않으셨습니까?"

담 안의 학생들은 서로 떼어밀며 넘겨다보려고 무동을 섰다가 떨어졌다 야단법석들이다. 그 중의 한 사람은 판장의 옹이 구멍으로 내다보고 있다. 구멍으로 내다보는 커다란 눈동자의 주인은 일영의 동창생인 '임준상'이었다. 혜경은 몹시 수줍은 듯이 옷에 묻은 흙을 가만히 털며,

"아니요, 제가 한눈을 팔다가……"

입 속으로 가만히 속삭였다.

그저 구멍으로 내다보고 있는 순량치 못한 준상의 눈동자!

"용서하십시요."

"천만에요."

혜경은 조금 다리를 절며 돌아서 간다. 일영은 가엾어 하는 표정으로 그의 뒷모양을 얼빠진 사람 모양으로 멀거니 바라보고 서 있다. 혜경 가다가 고개를 살그머니 돌려 일영을 본다. 두 청춘의 눈은 마주쳤다. 흐르는 별과 같이 왕래하는 두 줄기의 시선, 일영의 눈, 혜경의 눈.

담 안의 학생들은 구멍 하나로 서로 다투어 가며 내어다보느라고 그저 야단이다. 임준상, 라켓으로 나무판장을 딱 친다. 그 소리에 일영은 깜짝 놀라 길을 돌아서서 운동장으로 들어간다. 여러 학생 일영을 둘러싸고 놀려먹는다. 일영은 전기를 맞은 사람처럼 아직도 어리둥절한다. 코트로 돌아서며 준상과 일영,

"자네 그 여자를 아나?"

"몰라."

준상 눈을 찡긋하며,

"누구를 속일려구 생딴전을 붙여."

"정말일세. 오늘 처음 본 사람이야. 자네 또 몸달 일 생겼네그려."

"내 기어코 알아 내고야 말 테니 두고 보게. 거 미인인걸."

여러 학생들은 다시 공을 치기 시작한다.

우연한 기회 (2)

그 이튿날 아침

상학 시간이 되어 길거리에는 남녀 학생들의 걸음이 빠르다. 일영도 책보를 끼고 급히 걸어 전찻길을 건너려 할 즈음에 막 와 닿는 전차에서 내리는 혜경과 마주쳤다. 혜경은 가벼이 머리를 숙이며 눈으로 인사를 했다. 일영은 머뭇머뭇하다가 모자챙에 손을 얹으며,

"어제는 실례했습니다. 다리를 저시는군요."

혜경은 머리를 숙인 채,

"아뇨 괜찮습니다."

두 사람은 무엇에 얽매인 듯 그대로 홱 돌아서지를 못하고 무슨 말을 할듯할듯하며 머뭇거릴 때 맞은편 골목으로부터 준상이가 나타나서 전신주에 몸을 가리고 두 사람의 행동을 정탐이나 하듯이 곁눈질을 하여 보고 있다. 두 남녀는 무심히 헤어져 서로 등을 지고 걸어간다. 준상은 큰길로 나서서 혜경의 뒷맵시를 뚫어질 듯이 바라본다.

교실.

몹시도 말라서 뼈만 남은 교수가 유난히도 높다란 칼라를 하고 캥캥한 목소리로 열심히 강의를 하고 있다. 여러 학생들은 노트에 펜을 달려 필기를 하느라고 눈코 뜰 사이가 없는 모양이다. 준상과 일영은 두어 줄 격해 자리를 잡고 앉아서 분주히 필기를 한다.

준상은 필기를 따라가지 못하고 선생의 입만 멀거니 바라보다가 눈이 게슴츠레해지며 책상에다가 이마받이를 하고 정신을 번쩍 차렸다가는 침을 케에 흘리며 졸고 있다. 아까부터 필기를 할 생각도 하지 않고 앉았던 장난꾼 학생이 일거리나 생긴 듯이 종이를 비벼 가지고 코침을 준다. 준상은 코를 실룩실룩 하다가 재채기를 한바탕 몹시 하는 바람에 앞에 앉은 사람의 얼굴에 침이 튀었다. 장난꾼은 시치미를 떼는데 앞사람은 성을 버럭 내고 준상의 귀퉁이를 쥐어박으며,

"이 자식아, 여기가 한데 뒤깐으로 아니."

하고 소리를 빽 지른다. 선생은 떠들지 말라고 마구 소리를 지른다. 준상은 흘린 침을 씻으며,

"망할 자식 때리긴 왜 때려."

하며 아주 정신이 어떨떨하여 선하품만 연방 한다.

왼손으로 턱을 고이고 앉아 기신없이 필기를 하고 있던 일영은 펜을 멈추고 책상 위에 엎드린다. 머리를 들 때 모든 것이 어른어른해 보인

다. 칠판을 본다. 그리로부터 아련히 나타나는 혜경의 걸어오는 모양, 다시 눈을 들어 천장을 본다. 거기서도 혜경의 환영이 어른거리다가 등 뒤로 삽붓 내려앉는 듯하다. 일영은 머리를 흔들며 한참 눈을 비비다가 다시 흐릿하게 뜨며 앞을 바라본다. 모든 것이 아리숭아리숭하다가 곁 눈도 팔지 않고 목에 힘줄을 세워 가며 강의를 하는 선생이 어디로 사 라져 버리고, 그 자리에 혜경이가 또 와 섰다가 없어지고는 선생이 그 자리에 돌아와 선다. 일영은 머리를 책상 위에 무거이 떨어뜨렸다. 교 실 유리창 사이로는 향긋한 풀냄새를 섞은 봄바람이 솔솔 새어들고 창 밖 나뭇가지에는 참새란 놈 몇 마리가 머리를 모으고 앉아서 뉘 집 이 야기인지 재재거리고 있다. 준상은 터놓고 코를 드르렁드르렁 골기 시 작하였고 일영은 그저 달콤한 명상에 잠겨 있다.

일영과 흥열 (1)

며칠 후 일영의 투숙하는 집

좁다란 마당 한 구석에다 다 떨어진 헌털뱅이* 양복으로 몸을 가린 협수룩한 한 사람이 풍로에 부채질을 하며 밥을 짓고 있다. 한 손에는 겉장이 새빨간 책을 들고 골똘히 들여다보는데 책에 정신이 팔려서 장 작개비가 다 타서 불이 꺼지게 되는 것도 모르고 한데다 헛부채질을 풀 럭풀럭 한다.

그의 이름은 강흥열이니 본시 일영과 고향 친구로 어려서부터 한 동 리에 자라나서 학교도 형제같이 다니다가 칠 년 전 그가 중학 삼학년에 다닐 때에 그 해 이른 봄, 한번 분한 일을 당하면 물불을 가리지 않고 날뛰는 성격을 가진 그인지라 울분한 마음을 억제치 못하고 자기 고향 에서 일을 꾸며 가지고 성난 맹수와 같이 날뛰다가 사람으로서는 차마

＊헌털뱅이 '헌 것'을 속되게 이르는 말.

당하지 못할 고초를 겪을 때에 그 동안 자기 집은 파산을 당하여 유리
걸식을 하고 다니는 가족을 길거리에서 만나게 되었던 것이다.

그는 그 뒤로 정신에 이상이 생긴 사람처럼 멀쩡하다가도 이따금 발
작적으로 행동을 미친 사람처럼 가질 때가 있다. 그런데 이상스럽게도

불만 보면 발작이 되어 화종 소리만 들리면 불난 곳으로 쫓아가서 기뻐서 가로 뛰고 세로 뛰고 하다가 여러 사람에게 뭇매를 맞기도 여러 번 하였다. 정처 없이 헤매어 돌아다니던 그는 몇 달 전에 일영을 찾아왔다. 일영은 의지가지할 곳 없는 옛 친구를 반가이 맞아 자기 집에서 근근이 대어 주는 약소한 학비로 두 사람이 자취를 하며 지내 왔던 것이다. 홍열은 보던 책을 집어던지고 벌떡 일어서서 뒷짐을 지고는 철장에 갇힌 사람처럼 마당을 왔다 갔다 한다. 발길로 담을 걷어차 보기도 하고 하늘을 흘기며 주먹질도 해 보다가는 다시 주저앉아서 부채질을 한다. 험상스럽던 얼굴이 변하여 얼빠진 사람처럼 무엇인지 생각을 하고 있다. 그 때 일영이가 돌아와 마루 끝에 책보를 내어던진다. 홍열은 쓸쓸한 웃음으로 일영을 반긴다.

"밥 다 되었나?"

하며 일영이 벗어부치고 거들어 주려는데 그릇을 뒤져 보아도 반찬거리가 없어서 빈 도마를 시름없이 두드린다. 마침 이 때 전기 회사 사람이 문간에 들어선다.

"전기값 받으러 왔소."

"오늘은 돈이 없는데요."

"두 달이나 안 냈으니 오늘은 끊어 가야겠소."

"……"

전기 회사 사람은 가위를 빼어들고 마루로 올라선다. 홍열이가 벌떡 일어나 가로막으며 승강이를 한다. 한참 말썽을 부리다가 전기 회사 사람이 홍열을 떼밀고 전깃줄을 끊으려 한다. ……전선과 가위……. 홍열 장작개비를 들쳐메고 달려들어 생으로 벙어리 노릇을 해 가며 생야단을 친다. 전기 회사 사원은 슬그머니 겁이 나서 슬슬 뒷걸음질을 치다가 밥솥을 꺼꾸러뜨린다. 일영을 보고,

"미안합니다."

흥열 달려들어 멱살을 치받치며 밥 지어놓고 가라고 딱딱 을러붙인다. 전기 회사원 슬금슬금 꽁무니를 빼고 나가며,

"아이구 학질을 뗐네."

흥열 쫓아나가서 문을 걸고 껑충껑충 뛰어들어오면서 기신없이 마루 끝에 걸터앉은 일영을 보고 씽긋 웃는다.

일영과 흥열 (2)

그 날 밤, 두 사람이 거처하는 실내

일영과 흥열은 자리에 누웠다. 흥열은 흐트러진 머리를 자리에다 들비비며 몸을 뒤틀고 몹시 갑갑해 한다. 일영은 자리에 반듯이 누워 눈을 떴다감았다 하며, 천장에 공상을 그리고 있다. 어지간히 괴로운 모양이다. 벌떡 일어나 책상에다 몸을 파묻고 있다가 몸 둘 곳이 없는 듯이 안절부절을 못하고 이 책을 집어 들었다가는 몇 줄을 안 보고 저 책을 꺼내들었다가는 방바닥에다 팽개치고 하다가 벽에 걸린 헌 기타를 들고 나가 툇마루 끝에 걸터앉으며 고요히 기타를 뜯기 시작한다. 〈흑노의 망향곡〉. 아리따운 혜경의 환영은 일영의 마음을 사로잡고 말았다. 그러나 첫사랑을 느끼는 젊은 사람들의 애상적인 심정을 꺼리는 것보다도 일영에게는 자기 자신으로는 도저히 해결치 못할 중대한 문제가 그의 앞길을 가로막고 있었던 것이다.

그가 개성에 눈뜨기를 비롯하고 자기 일신의 장래를 생각하기 시작할 때부터 움돋아 나온 고민의 씨는 해를 거듭하여 나이 한 살이라도 더 먹고 세상 분별이 생겨 갈수록 마음 한 구석에 뿌리를 박은 고민의 씨도 점점 자라나서 금년에 이르러서는 납덩이 같은 우수와 사려로 머리가 눌리어 성격까지 변해졌을 뿐만 아니라 예감한 그의 머리에는 일각으로 닥쳐 오는 두려운 그의 운명이 너무나 똑똑히 비치어 오나 불행히도 배달 민족의 한 분자로 태어난 청년으로 장차 어떤 길을 걸어나아

가야겠다는 신념과, 사상의 줄기를 바로잡기 어려웠을 뿐만 아니라 따라서 회의기에 있는 그의 인생문제에 부딪쳐서 하염없는 사색으로 무한히 방황치 않을 수 없었다. 그러나 그다지도 일영의 마음을 들볶고 몸을 하리게까지 하는 직접 원인은 무엇보다도 자기 자신에 대한 문제로 그의 고향에는 사이없는 아내가 있었던 것이다. 그의 아내는 시골서도 드물게 보는 현숙한 부인이었다. 일영이보다도 나이가 사 년 위나 되는 그는 시집온 뒤로부터 나이 어린 일영을 길러 내다시피 하였고, 남편이 서울로 유학의 길을 떠난 뒤부터는 칠순이 가까운 그의 편모를 모시고 한 몸으로 가장과 주부의 직책을 맡아 가며 봄이면 뽕을 가꾸어 누에를 치고, 가을이면 변변치는 않으나마 농사를 보살피는 한편에 밤 깊도록 베를 짰고, 무명을 날아* 근근이 모은 돈으로 오륙 년 동안이나 꾸준히 일영의 학비를 대어 주었던 것이다.

그러는 동안에 시집온 지 십여 년이 넘은 오늘까지 일신의 안락이란 생각도 해 본 적이 없이 오직 멀리 떨어져 있는 자기 남편이 몸 성히 있기를 축수하고 하루바삐 성공을 해서 금의환향하기를 삼추와 같이 기다리는 것을 도리어 낙을 삼고 모든 고생을 달게 여기며 짝잃은 외기러기와 같이 고단한 몸으로 한결같이 쓸쓸한 공규*를 지켜 왔던 것이다. 그러나 일영은 그다지도 현숙한 아내와 본디 사랑이 없었다. 이것이 사람의 허물인가? 운명의 장난인가? 일영은 사람의 정을 아는 사람이다. 그러나 그의 아내에게 할 수 없이 은혜를 입기는 하면서도 또한 감사할 줄도 알면서도 아내에게 감사를 표하지 못하는 처지를 슬퍼하지 않을 수 없었고, 벗을 수 없는 무거운 은혜를 입어 온 것이 도리어 여간한 고통이 아니었다. 그것은 사랑으로 갚을 수 없는 까닭이다. 그는 온갖 궁리와 별별 생각을 다 해 보았으나, 아무래도 일가 아주머니나 손위 누

＊ 날다 명주, 베, 무명 따위를 길게 늘여서 실을 만들다.
＊ 공규(空閨) 오랫동안 남편이 없이 아내 혼자서 사는 방.

이같이 생각하고 친할 수는 있을지언정 그가 자기 가슴에 안길 사랑하는 이성의 아내라고는 상상도 해지지를 않았다. 일영은 아직까지도 마루 끝에 앉아 기타를 뜯으며 정열을 기울여 노래를 부른다. 이른 봄 하현달이 그의 온몸에 비칠 뿐⋯⋯.

시골 집

일영의 고향. 꿈 같은 촌가의 달밤!

일영의 집 안마루에는 일영의 아내가 베틀 위에 올라앉아서 고달픈 봄밤의 졸음을 참고, 명주를 짜고 있다. 그의 어머니는 마루 끝에서 물레를 둘러 실을 날다가 팔을 쉬고 담배를 붙여 물면서 며느리와 하는 이야기.

"애야, 그 애한테서 편지 온 지가 보름이 넘었는데 어째 소식이 없다니?"

"글쎄올시다. 졸업 시험을 치느라고 틈이 없는 게지오."

"그렇기로서니 엽서 한 장이 없단 말이냐? 몸이나 성했으면 다행이련만⋯⋯."

"그래, 언젠가 편지를 해도 답장이 없으니 웬일인지 모르겠어요."

"돈이나 부쳐야 쥐꼬리만큼이나 답장이라도 하지⋯⋯. 어쨌든 걱정이다. 단돈 한 푼 벌어 주는 사람은 없고 이 달에는 식량까지 미리 팔아댔으니 인제 먹고살 일이 막연하고나. 공부도 소중하겠지만 이제부터는 집안 식구가 어떻게 연명할 도리라도 있어야 하지 않겠니?"

어머니는 댓돌에 담뱃대를 우그러져라 하고 털며 무슨 말을 하려다가 며느리를 보아 참는다. 일영의 아내는 북*을 놓고 창연히 달빛을 바라보며 멀리 있는 남편을 생각하다가,

---

* 북 베틀에서 날실의 틈으로 왔다 갔다 하면서 씨실을 푸는 기구. 베를 짜는 데 중요한 역할을 하며, 배 모양으로 생겼다.

"졸업만 하면 어떻게든지 살아갈 도리가 생기겠지요."

어머니는 길게 한숨을 쉬며,

"글쎄, 졸업만 하면, 졸업만 하면…… 설마."

며느리는 시름없이 베틀에 머리를 기대이고 있다가 북을 잡고 다시 일을 생각하였고, 어머니는 기운 없이 물레를 두른다.

문간에 개짖는 소리가 요란하니 행여 기다리는 주인이나 반김이 아닌가? 밤은 깊어 아래웃마을에 인적은 그치고 먼뎃개가 선잠을 깨어 마주 대꾸를 할 뿐이었다.

일영의 유숙하는 집.

일영은 아직까지도 노래를 부르고 있다. 반쯤 감은 그의 눈은 눈물을 머금었다.

혜경의 하숙하고 있는 집.

산들산들한 밤바람이 새어들어 하얀 커튼을 간질이는데 들창 앞에 자리를 펴고 보드라운 새털로 눈을 쓸어 감긴 듯 혜경은 고요히 잠들었다. 달빛에 어리어 석고상과 같이 창백한 얼굴과 젖가슴 위에 가벼이 올린 손은 꿈 속에도 무엇을 그리는 듯 그 보드라운 숨소리는 하느님이 귀를 기울여도 들릴 듯 말 듯하다.

일영의 곁에는 홍열이가 나와 앉아서 머리를 숙이고 그의 노래를 듣고 있다.

애달퍼라!

나그네 마음은 쓸쓸한 폐허를 더듬으며

죽음의 속삭임같이도 무덤 속의 적막을 노래 부르며

들어다오 그리운 사람이여!

나직한 곡조에 떠오르는 우울과 애원의 소리를!

그대의 마음과 그대의 귀를 내가 뜯는 기타에 기울여 다오.

오직 한 분을 위하여 부르는 애끓는 나의 노래를.

그 날 밤 일영은 밤이 새도록 말하지 않고는 견딜 수 없는 자기의 고민을 흥열에게 하소연하였다.

양과 이리 (1)

그 후 일영은 거의 날마다 혜경을 만나게 되었으니 어떤 때는 음악회 같은 모임에 갔다가 밤 늦게 하숙으로 돌아가는 혜경의 뒤에는 일영이가 먼발치로 그림자와 같이 따라다녔고, 장성한 처녀의 몸으로 사고무친한 곳에 외로이 떠나와 있는 혜경도 일영을 한 번 만난 뒤로부터 이상스러이도 마음이 가라앉지 않고 밤이면 쓸쓸히 누워자는 베갯머리에 일영을 그리어 보고 그를 대상삼아 제 일신의 상대까지 꿈꾸어 보느라고 공연히 흥분되어 두 시 세 시까지 잠을 이루지 못할 때가 많아졌다.

한편으로 백만장자의 외아들이요 막대한 재산을 상속받은 준상이는 명색으로 학교에 갑네 하고 가물(가뭄)에 콩나기로 며칠에 한 번씩 다니기는 하나 집에 돌아오면 벌써 크나한 집안에 가장으로 위엄과 호기가 등등하고, 밤이면 훌륭한 신사가 되어 본처의 몸에 소생이 남매나 되건만 밤그늘에 숨어다니며 못할 장난이 없었다. 그러나 아직까지 여학생 오입을 못해 본 것이 평생의 한이 되던 차에 불행히도 혜경이가 걸려들었던 것이다. 준상이가 혜경을 유혹해 보려고 몸이 달아 돌아다닐 때 그 집 세간 청지기로 있는 김동석이에게서 혜경이가 자기 집 마름의 딸인 것을 비로소 알게 되었으니 혜경의 집은 삼대째나 준상의 집 전답을 보아 주는 마름 노릇을 하고 살아왔던 것이다. 그러니까 이를테면 혜경이도 준상의 덕택으로 서울에 올라와 유학이라도 하게 된 것이다. 그리하여 준상의 무서운 유혹의 손은 가냘픈 혜경의 목 뒤에 점점 가까이 닥쳐 오는 것이다.

또 한편으로 일영의 고민을 동정하는 홍열이는 의협심이 많은 사람이었으니 평소부터 준상의 위인을 잘 알므로 자세한 사정을 일영에게서 듣고 혜경의 신변을 감시하다시피 하기 시작하였던 것이다.

어느 날 저녁 후. 혜경의 유숙하는 집 문 앞.

홍열이가 일영의 편지를 맡아 혜경에게 전해 줄 양으로 성냥을 그어 가며 그 옆집에 와서 문패를 살피며 내려올 때에 맞은편 골목으로부터 두루마기를 입은 사람이 나타나 혜경의 유숙하는 집 대문을 흔들며,

"전보 받우."

하고는 문틈으로 무엇을 들여밀고 얼른 담모퉁이에 와서 숨는다. 홍열이는 체신부도 아닌 사람이 전보를 받으라는 것이 수상쩍어서 골목에 몸을 숨기고 그자의 행동을 살핀다. 대문 안에서는 주인 마누라가 나와 던지고 간 것을 집어 가지고 혜경의 방에 들어뜨린다.

혜경은 급히 전보를 뜯어 본다.

'금야십시경성착부'

혜경이는 의심스러운 눈동자로 전보를 들여다보다가,

"농사 때에 올라오실 리가 없는데…….."

시계가 아홉 시 반을 가리킨다. 혜경은 급히 옷을 갈아입고 정거장으로 나가려 한다. 대문 밖에는 커다란 사람의 그림자만 어른거릴 뿐……. 혜경은 대문을 열고 행길로 나가려고 할 때에 아까 전보를 들이밀던 자가 담모퉁이에서 나서더니 혜경의 앞을 가로막으며,

"이혜경 씨 아니십니까?"

홍열은 길 건너로 가서 두 사람을 주목하고 있다. 혜경 놀라 주춤 물러서며,

"네 그렇습니다."

그 때에 검은 호로를 씌운 자동차가 두 사람 앞에 와 닿는다. 그자는 혜경을 차에 안내하며,

"여기 타십시요. 나는 임 협판 댁에서 온 사람인데 춘부장께서 오늘 낮차에 올라오셔서 그 댁에 계신데요. 정거장으로 헛걸음을 치실까 보아 모시러 왔습니다."

"우리 아버지가 그 댁에 계세요?"

흥열은 자동차 뒤에 몸을 숨기고 전후 이야기를 엿듣고 있다. 그자는 어서 타라고 재촉한다. 혜경은 한참 주저하다가 올라앉는다. 자동차 운전대에 운전수로 분장한 준상의 얼굴이 얼른 보인다.

흥열은 그 자리에서 어쩔 줄을 몰라 쩔쩔매다가 급히 달려가서 자동차 꽁무니에 달라 붙어선다. 자동차는 문 밖에 호젓하게 지은 준상의 별장을 향하여 전속력으로 달린다.

양과 이리 (2)
준상의 별장

자동차가 문 앞에 와 멎는다. 준상은 문을 열고 먼저 뛰어들어가고 두루마기를 입은 자는 혜경을 문 안으로 안내한다. 흥열이가 따라 들어가려고 머뭇거릴 때에 대문 안에서 닫아 걸린다. 대문을 거는 준상. 덜컥 내려걸리는 큰 빗장. 양식으로 꾸민 침실로 통하는 응접실. 흰 에이프런을 걸친 하녀가 중문간에서 안으로 혜경을 안내하여 들어온다.

혜경은 들어서며 방 안을 살펴본다. 방 한 구석에 피아노가 놓였고 데스크 밑에는 위스키병. 방 안에 아무도 사람은 없다. 하녀는 혜경을 앉히고 돌아서 나오며 혼자말로,

"흥. 또 걸려들었구나!"

하며 중얼거린다. 혜경은 어찌된 영문을 몰라서 좌우를 돌아보나 기다리는 아버지는 그림자도 없다.

담 밖에서 들어가지 못해 애쓰는 홍열. 조금 있다가 침실문이 부시시 열리며 자리옷으로 갈아입은 준상이가 술이 얼근히 취하여 나온다. 혜경은 일어서 곁눈으로 준상을 엿보며 인사를 할까 말까 망설인다. 준상은 혜경의 곁으로 가서 소파에 기대며,

"거기 앉으시오. 오시기에 매우 수고했소! 그런데 나를 못 알아보는 모양이로군."

혜경은 속에서 끌어잡아당기는 듯 목소리를 가늘게 떨며,

"우리 아버지가 오셨다고 해서 왔는데요."

하고는 고개를 폭 수그리고 들지를 못한다. 준상은 묻는 말에는 대답도 않고 혜경의 앞으로 가까이 다가앉으며,

"그래 나를 못 알아보겠소? 피차에 어렸을 때 시골에서 잠깐 보았으니까 나 역시 기억지 못했지만."

"누구신 줄 알겠습니다. 서울 와 있으면서도 아직 한 번도 찾어뵈옵지 못해서 죄송합니다."

혜경은 부모의 낯을 보아 인사 한 마디 안 할 수는 없었다. 준상은 음란한 눈으로 곁눈질을 해서 혜경을 들여다보며,

"천만에, 내 집 사람이 객지에 고생이 많은 줄 알면서도 너무 번연하게 지내서 미안하오……."

하며 바싹바싹 다가앉는다.

하녀가 실과와 과자를 내온다. 혜경은 권해도 먹지 않는다. 담 밖에 홍열이는 담이 높아서 뛰어넘지 못하고 그 근처에서 쓰레기통을 몰아다가 고이고 있다. 담 안에 갇힌 혜경이는 이빨을 벌리고 덤비는 이리 앞의 양과 같이 몸을 떨고 있다. 준상은 일어나 피아노도 뚜드려 보다가 위스키병을 기울여 나팔을 불면서 먹을 것을 물어다 놓고 얼른 달려들어 먹기 아까워 놀리고 있는 짐승과 같이 방 안을 왔다 갔다 하며 주착없는 소리를 거침없이 지껄인다.

"그래 올해 연세가 몇이오?"

"그런데 아버지가 어디 계십니까?"

"야시 구경 나갔으니까 곧 들어올 테지. 그 동안 우리 이야기나 합시다. 그래 연세를 물었으니 그 대답을 해야 옳지 왜 딴청을 하누."

"아버지가 늦게 오실 모양이니 저는 먼저 가야겠습니다."

하고 혜경은 일어선다. 준상은 서슴지 않고 혜경의 손을 잡아 앉히며,

"재미있는 이야기 좀 하자니까 어린애 모양으로 아버지는 왜 자꾸 찾어……. 좀 실례의 말인지 모르지만 어디 혼처나 정했는가?"

혜경은 모든 것이 거짓말이요 꾐에 빠진 줄을 이제야 알고 문을 열고 몸을 빼쳐나오려고 하였으나 준상이가 벌써 눈치를 채고 앞을 막아서며 도어를 닫는다.

홍열이는 인제야 겨우 담을 넘겨다볼 만큼 담밑을 고여 놓고 집 안의 동정을 살피고 있다.

양과 이리 (3)

준상은 혜경을 끌어다가 소파에 앉히며,

"가기는 마음대로 가? 그래 약혼한 사람이 누구냐니까? 사람의 말대답을 해야지."

혜경은 손을 뿌리치며,

"필요 없는 말씀이에요."

하고 쏘아붙이고는 일어서 문을 뚜드리나 열어 주는 사람이 있을 리 없다.

일영은 홍열이가 무사히 편지를 전하고 반가운 회답이 있기를 고대하며 초조히 마당을 거닐고 있다. 나간 지 두 시간이 넘었건만 홍열은 돌아오지 않는다.

준상은 혜경의 등 뒤로 달려들어 덜썩 안고 무수히 힐난을 한다. 혜경은 발악을 하며 대항을 하나 짐승 같은 욕심이 불같이 타올라서 미친

듯이 날뛰는 억센 남자를 당할 수 없다.

흥열은 혜경의 비명을 듣고 길이 넘는 담 위에서 사뿟 뛰어내려 검은 마스크로 얼굴을 가리고 소리나는 곳을 찾는다. 저편 유리창에 두 남녀가 껴안고 다투는 그림자가 비친다. 흥열은 그 곳을 향해서 달음질을 하려 할 즈음 청지기가 행랑아범을 데리고 목목이 지켜서서 칠팔 명이 한꺼번에 흥열에게 달려든다. 흥열은 달려드는 대로 닥치는 대로 팽개를 친다.

격투…….

격투…….

격투…….

격투…….

흥열은 번개와 같이 몸을 날려 칠팔 명 장정을 다 때려 눕히고 혜경의 소리가 나는 곳으로 달려간다.

준상은 혜경을 덜썩 안고 침실로 들어가려 할 즈음에 흥열이가 유리창을 부수고 뛰어들어온다. 준상은 복면한 사람을 보고 깜짝 놀라서 여자를 내려놓는다. 흥열은 달려들어 또 한바탕 격투가 일어난다.

격투…….

격투…….

혜경은 어쩔 줄을 모르고 쩔쩔맨다. 철퇴 같은 흥열의 주먹에 준상은 방 한 구석에다가 머리를 틀어박고 쓰러진다.

혜경은 까무러쳐 소파 위에 쓰러진다.

일영의 숙소

흥열은 일영의 편지를 전하지는 못하였으나 일영이가 주야로 그리워하는 실물을 안고 일영의 앞에 나타났다. 흥열은 정신을 잃은 혜경을 인력거에 담아 갖고 자기네가 유숙하는 집으로 데리고 가서 우선 응급 치료를 하려 하였던 것이다. 별안간에 초주검이 되어 온 혜경을 본 일영의 놀람은 여간이 아니었다. 일변 흥열에게 자초지종을 물으며 일변으로 혜경을 자리에 눕히고 냉수를 이마에 축여 댄다. 얼마 있다가 혜경은 눈을 곱게 뜬다. 이윽고 눈을 멀거니 크게 뜨고 주위를 살펴보다가 벌떡 일어나려 한다. 일영은 혜경의 베개를 가만히 흔들며,

"안심하십시요. 혜경 씨 나입니다. 일영입니다."

혜경은 의식이 돌았다. 일영이와 흥열이가 곁에 앉았음을 보고 반기며 안심하는 편으로 부끄러워 머리를 들지 못하고 흥열이는 자기가 말도 똑똑히 못하는 데다가 보기에 흉한 자기의 얼굴을 젊은 여자에게 보이기를 부끄리어 일영의 등 뒤에 앉아 몹시 수줍어한다.

얼마 후에 혜경은 두 사람에게 무한히 치사하고 임준상이가 자기 가족의 생명을 좌우할 수 있는 지주임을 말하고 학교에서 이 사건을 알까 겁내어 비밀을 지켜 주기를 부탁한 후 자정이 넘어서 그의 숙소로 갔다. 혜경을 바래다 주고 돌아온 두 청년은, 더구나 이제까지 이성과 접촉이 없는 흥열이는 이상히 흥분되어 그 날 밤 잠을 이루지 못했다.

피로회 (1)

그 후 준상은 그 날 저녁 목적을 달치 못한 분풀이를 하려고 별별 수단을 다하여 보았지만 흥열은 노련한 탐정처럼 기민한 활동으로 번번이 방해를 놓고 어떤 때는 혜경을 내세워 준상에게 미끼를 물린 뒤에 준상을 사방으로 끌고다니며 헛물만 켜게 하다가 골탕을 먹이기도 여러 번 하였다. 그러나 준상은 가끔 날벼락을 맞기는 하면서도 어떤 사람이 그다지 극성스러이 자기를 쫓아다니며 방해를 놓는지 알 길이 없었으니 흥열이가 준상의 앞에 나타날 때는 반드시 복면을 하거나 교묘히 변장을 하는 것을 잊지 않았던 것이다.

두 달 후. 준상은 꼬랑지로 몇째쯤 되는 성적으로 법전을 졸업이라

하였다. 그러자 파산을 당하게 된 고려 흥산 회사에서는 목전의 위급을 구할 책으로 새로 나온 법학사 임준상이를 덩을 태워 중역의 자리에 앉혔다. 얼떨김에 소위 사회에 발전할 기회를 얻은 준상이는 중역이란 지위에 버티고 앉아 보는 것이 큰 출세를 하는 것이라 어깨가 으쓱하지 않을 수 없었다. 그래서 오늘 저녁은 신임 피로회를 열어 각 은행 회사의 중역들을 초대하고 한턱을 단단히 내는 판이다.

어느 요릿집.

식당을 연 지 한 시간쯤이나 지난 모양. 흐트러진 교자상. 거품을 뿜는 맥주병. 기생들은 술을 권하기에 정신을 못 차리고 보이들은 눈코 뜰 사이가 없고 바쁘라 야회복을 뺏질은 준상이가 쏟아지는 박수소리 속으로 일어선다.

"에…… 이 사람이 박학천식으로 에…… 중임을 맡어……."

술이 거나하게 취한 김에 인사라고 입 속으로 몇 마디 우물쭈물하다가 슬그머니 주저앉는다. 사방에서 술잔이 몰려간다. 노랫소리가 일어난다. 식당은 벌통 속 같다. 연주창을 깨는 듯한 기생 소리.

"오레와 가와라노 가레스스끼('나는 강가 모래밭의 마른 참억새'라는 뜻으로 노래 가사임)."

한 구석에서는 맹꽁이같이 배때기만 생긴 친구가 기생을 무릎에 올려앉히고 '오록꼬부시(노래, 특히 가요곡이나 민요 등의 미묘하고도 장식적인 가락)'를 배우느라고 거위처럼 목을 늘이고 까룩거린다.

또 박수 소리가 일어나더니 준상이와 마주 앉아서 준상의 눈치만 보며 비위를 맞추고 있던 자가 일어서며 답사를 한다.

"……임 학사와 같은 재덕이 겸비하신 자를 맞게 된 것은 비단 고려 흥산 회사뿐만 아니라 우리 실업계를 위하여서 축하할 일입니다."

여러 사람들은 술들이 취해서 추태를 연출한다. 그 중에 장난꾼 신문 기자 한 사람이 얼근히 취한 김에 돌아다니며 시치미를 떼고 우스운 장난을 한다. 눈이 개개풀린 곁사람 이마빼기에 달걀을 깨뜨려 먹기, '산악이 잠영하고…….' 소리를 하느라고 커다랗게 벌린 입에다가 감을 던져 스트라이크로 틀어막기, 점잔을 빼느라고 지루퉁하고 앉은 친구에게 경단에다 겨자를 찍어 전한다. 그 점잖은 친구는 안 받을 수 없이 입에 넣자 코를 쥐고 쩔쩔맨다. 그통에 기름종지가 엎질러진다. 장난꾼 신문 기자는 걸레에 기름을 묻혀 가지고 문턱 장판에다가 기름걸레질을 쳐 놓고는 한 구석에 다가앉는다, 넘어진다, 자빠진다. 요리접시를 들고 들어오던 뽀이가 미끄러진다. 점잔을 빼는 자, 얌전한 체하는 자, 기생들 할 것 없이 들고 나는 사람은 한 번씩 스케이팅을 한다. 식당 안은 점점 난장판이 되어 가지고 의기 양양한 준상의 눈에는 세상이 다 초개같이 보인다.

피로회 (2)

피로회는 이차회 삼차회까지 벌어져서 자정이 넘도록 이 방, 저 방에서 장고 소리, 가야금 소리, 손뼉치는 소리로 요릿집이 떠나갈 듯이 뒤법석을 한다.

남산 공원.

일영에게는 직업을 주는 사람이 없었다. 먼 지방 재판소의 서기 자리가 있었지만 날로 깊어 가는 혜경에게 대한 애착이 떨어지지를 못하게 하였고 아첨을 해 가며 남의 비위를 맞출 줄을 모르는 고지식한 그의 성격으로는 마땅한 직업을 얻을 수가 없었다. 졸업만 하면 큰 수나 터지는 줄 알고 삼추와 같이 기다리는 가족을 만날 면목이 없어 시골집에는 돌아가지 못하고 서울서 머물러 있자니 생활비를 얻을 도리가 막연하였다. 근래에는 혜경이와도 만나지를 않고 전당질로 간신히 연명을 하고 지내며 공원으로 길거리로 기운 없는 다리를 끌고 돌아다니는 것이 하루 종일 하는 일이었다.

공원 벤치에 밤 깊도록 걸터앉아서 일영은 하염없는 공상을 하다가 혜경에게서 온 편지를 꺼내들고 희미한 전등불에 비추어 본다.

일 주일 전에 올린 글월은 받으셨을 듯합니다마는 답장을 받아 뵈올 길 없으니 몹시 궁금합니다. 그 동안 좋은 곳에 취직하셔서 사무에 퍽 바쁘신 듯. 저는 명색은 졸업이라고 하였습니다마는 학교에는 더 다닐 형편이 되지 못해서 집에서는 내려오라고 독촉이 심합니다마는 저는 서울서 간호부 노릇을 하면서라도 공부를 계속하려 하나 그도 여의치가 못합니다. 어떻게 했으면 좋을는지 몸둘 바를 모르겠습니다. 그 놀라운 일을 당한 뒤로는 그 때 생각만 하여도 가슴이 울렁거리고 밤에는 신열이 올라서 날로 몸이 파리해 가오니 마음 괴로운 일이 한두 가지가 아닙니다.

오 선생님! 외로운 저의 장래를 잘 인도하여 주십시요. 언제나 한 번 만나뵈옵게 되는지요, 강 선생께도 문안하여 주시기 바라오며 아직 이만 그칩니다.

오월 십일일 이혜경 올림

일영은 얼굴을 파묻었다. 삼줄 엉클어진 듯한 문제가 결단성이 적은 일영에게는 한 가지도 호락호락하게 풀릴 것 같지 않았다. 눈 아래 깔린 장안 만호의 전등불조차 졸린 듯 깜박일 뿐이요, 구더기같이 우물거리는 사람의 새끼들은 다 각기 조그만 굴 속으로 기어들었건만 일영이 홀로 하룻밤 드샐 곳이 없어 밤이슬을 맞으며 두루 헤매고 있다.

새벽녘이 되어서 준상의 피로회는 겨우 끝이 났다. 요릿집 안에는 아직도 몇 사람이 곤죽이 되어서 누룩 심부름을 하느라고 야단법석이요. 타구를 베고 누운 사람에, 가는 기생의 치맛자락을 뜯어 놓으며 같이 가 주지 않는 것이 괘씸하다고 소리를 고래고래 지르는 자도 있다.

이 때까지 방 한 구석에서 보료를 뒤집어쓰고 코를 골던 장난꾼 신문

기자는 원고지에다 별별 우스운 별명을 적어서 나가는 사람들의 생김생김을 보아 꽁무니에다가 하나씩 붙여 준다. 그들은 제각기 제 꽁무니에 붙은 것은 모르고 남의 것을 보고 허리가 꼬부러질 듯이 웃어 댄다.

준상의 꽁무니에는 '날도깨비'라는 별명을 붙였다. 새로 네 시가 되어서 준상은 자동차로 돌아갔다. 자동차가 닿은 곳은 처음부터 준상의 곁을 떠날 줄 모르고 갖은 아양을 다 떨던 난심의 집이었다.

불의 화신

그 동안 홍열은 일영의 집을 떠나 행방불명이 된 지 여러 날이 되었다. 일영에게는 다만,

'언제나 이대로 지낼 수가 없고, 더 있기 미안해서 밥을 얻어먹으러 나가니 안심하라!'

는 간단한 글발을 적어 놓고 종적을 감추어 버렸던 것이다. 그리고 아무도 모르게 어느 노동자 숙박소에 가서 밥을 지어 주고 부엌데기 노릇을 하고 있다.

노동자 숙박소

저녁때가 되어 숙박소 내부에는 하루 종일 과도한 노동에 기진역진한 노동자의 무리들이 송장같이 여기저기 사지를 뻗고 늘어졌다. 영양부족으로 얼굴빛은 누르고 눈은 움푹 들어가 정기가 떠돌지 않는다.

목도꾼, 위생인부, 선로공부 등 그들은 셋집 한 간도 지니지 못하고 조밥 한 그릇조차 따뜻하게 지어 줄 가족조차 없는 사람들이었다. 방한 구석에는 나이 육십이나 넘어 보이는 노인이 얇다란 자리 한 잎을 깔고 금세 운명이나 할 듯이 쿨룩거리며 가래를 뱉아낸다. 그 곁에는 물 한 모금 먹여 줄 사람이 없다. 홍열은 부엌에서 장작을 지펴 불을 때고 있다가 부지깽이로 장작을 뚜드려 장단을 맞춰 가며 군소리를 하다

가는 입을 다물고 한참 동안이나 아궁이에 활활 타는 불을 한눈도 팔지 않고 들여다본다.

그의 정신은 이상스러운 환각에 사로잡혀 들어가기 시작하였다. 아궁이의 불이 부뚜막에 올라붙고 부뚜막의 불이 벽으로 타올라 불길이 추녀를 핥다가 맹렬한 불길이 삽시간에 집 한 채를 태워 삼키고, 시가를 둘러싼다. 홍열은 미친 듯이 부지깽이를 들고 길거리로 뛰어나간다. 돌연히 폭풍이 일며 온 시가가 불바다로 변해 버리고, 불길이 한 번 스친 자리엔 남는 것이라고는 없다. 홍열의 엉덩이를 발길로 지르며 소리를 꽉 지르는 사람이 있다. 노동 숙박소의 밥짓는 감독이었다.

"하루 밥 두 그릇을 거저 주는 줄 아니? 네나 내나 부엌데기 노릇을 하고 찬밥이나 치워 주는 주제에 무에 그리 신이 나서 부엌 속에서 춤을 추니 미친 놈이로구나."

홍열은 깜짝 놀라 제정신으로 돌아왔다. 불시에 환상이 깨어지매 모든 것이 그전 형상대로 남아 있는 것을 보고 한숨을 길게 내뿜으며 벽에 머리를 기대이고, 눈을 감는다.

시꺼먼 손
혜경의 숙소

밤은 깊어 자정이 넘었건만 혜경은 자리에 누워 기침으로 잠을 이루지 못한다. 베개 위에 떨어뜨린 검은 머리채는 구름같이 서리었건만 쓰다듬을 염도 하지 않고 수척해서 은어와 같이 흰 팔은 자리 아래로 내어던지듯 하였다. 몸이 약해질수록 머릿속은 재가 나를 듯이 메말라 오고 마음이 괴로워짐을 따라 악몽과 같은 공상만 늘어 눈을 뜨고도 가위를 눌릴 때가 있으니 연약한 그의 몸은 날로 파리해 갈 뿐이다.

넥타이를 맵시있게 맨 미국 유학생, 연분홍 벽돌의 문화 주택, 피아노 —— 어멈과 하인들을 마음대로 부릴 수 있는 어여쁜 주부 —— 이와 같은 간지러운 공상이 아직도 혜경의 마음 한 구석에서 꼼지락거리고 있지 않음은 아니다. 그러나 한편으로 머리를 돌려 시골집에 있는 부모와 어린 동생들의 목숨이 준상이 한 사람의 손에 달려 있는 것을 생각할 때는 등에 냉수를 끼얹는 듯 무서운 불안을 느끼지 않을 수 없다. 더구나 근자에는 엎친데 덮치기로 일영을 그리워하는 첫사랑의 불길이 작은 가슴을 태우고야 말려는 형세로 걷잡을 수 없이 자기의 전신이 사로잡혀 가는 것을 깨달을 수 있었으니, 그와 동시에 감당하기 어려운 고민과 애수가 사정없이 달려들어 마음을 들볶듯 한다. 혜경이가 누운 머리맡 들창에 이상스러운 시커먼 그림자가 어른거린다.

문을 똑똑 뚜드리는 소리. 혜경은 히스테리컬한 사람처럼 깜짝 놀라 들창을 주목한다. 이상스런 그림자는 또 어른거리다가 사라지고 들창문이 부시시 열리며 시꺼먼 장갑을 낀 손이 들어와 편지 한 장을 떨어뜨린다. 혜경은 벌떡 일어나 급히 치맛자락으로 앞을 가리고 방 한 구석에 가 붙어서자 시꺼먼 손은 창문을 닫고 다시 똑똑 뚜드린다, 혜경은 창 밑으로 기어가서 떨리는 손으로 급히 겉봉을 뜯어 본다.

일전에 주신 편지는 받았습니다. 즉시 답장을 드리려 하였으나, 첩첩이 쌓인 사연을 지필로는 도저히 여쭙고 싶은 말씀을 만분의 일도 사뢰일 수 없어서 화안을 만나 뵈올 기회만 기다렸던 것이니 용서하여 주십시오. 내일은 마침 일요일이요, 한강에 달도 밝을 듯하오니 상치되시는 일이 없으시거든 오후 여덟 시까지 신용산 전차 정거장까지 꼭 나와 주시기 바랍니다. 저는 먼저 가서 기다리겠습니다.

총총 이만. 즉일 오일영

혜경은 창문 밖으로 머리를 내밀고 두루 찾았으나 컴컴한 골목 안에는 사람의 그림자도 찾을 수 없다. 그 날 밤 거의 같은 시간에 일영에게도 편지가 왔다. 답장을 받지 못하여 몹시 궁금하다는 말을 하였고, 일신상의 긴급한 일이 있어 선생님의 의견을 듣고자 하니 대단히 어려우시지만 내일 오후 여덟 시까지 신용산 전차 정거장으로 나와 주십사고 애원하다시피 한 여자의 편지요, 끝에는 혜경의 이름이 써 있다. 그 이튿날 저녁 초생달이 으스름한 그림자를 한강물 위에 던져 먼 사람의 얼굴을 분간하기 어려울 만할 때에 철교 난간 가장자리로 어깨를 겨누다시피 하고 나란히 걸어가는 두 젊은 남녀가 있다. 그들이 무슨 이야기인지 귓속말하듯 소근거리며 걸어가는 등 뒤에는 십여 간통쯤 떨어져서 난간을 끼고 두 사람의 행동을 주목하며 쫓아오는 사람이 있다. 누구인지 얼굴은 보이지 않고 시꺼먼 윤곽만이 가까웠다, 멀어졌다 한다.

두 청춘 (1)

혜경이가 숙소를 떠나 한강으로 나간 지 십분쯤 뒤에 뒤미처 준상이가 대담스러이 혜경을 찾아갔다. 그 전날에는 술이 취해서 실례를 하였다는 사과도 하고 같은 성내에서 너무 범연히 지내어 미안하다는 핑계를 가지고 만나 본 뒤에 두 번째 음험한 수단으로 혜경을 유혹해내려고 잔뜩 벼르고 달려들었지만 불가불 헛걸음만 치게 되었다. 하숙 주인에게 물어 자세한 범절을 알고 동무들하고 한강에 달맞이 나갔다는 말을 듣자 준상은 직각적으로 일영이와 같이 나간 것이 짐작되매 금시로 눈망울 핏줄이 질리며 두 주먹은 불붙는 질투에 떨지 않을 수 없었다. 그래서 준상이는 일분의 시각을 다투며 두 사람의 뒤를 바싹 따라댈 양으로 강변을 향하여 급히 자동차를 몰아 전속력으로 두 사람의 뒤를 추격하기 시작하였다.

그보다 조금 앞서서 흥열이도 약속이나 한 듯이 먼저 강변으로 나가 몸을 숨기고 두 사람이 나오기를 기다리다가 얼른 알아보지 못하도록 몸을 변장하고 두 남녀의 그림자를 밟으며 정사나 할까 염려함인지 그들의 행동을 살피며 따라갔던 것이다. 두 사람은 조그마한 보트에 몸을 담았다. 혜경은 선두에 앉아 어린애처럼 손가락으로 물을 튀기며 장난을 하고 일영은 양복 저고리를 벗어부치고 노를 젓는다. 편주는 생선의 비늘같이 가지런히 넘노는 물결 위에 부서져서는 조각조각이 흩어지는 황홀한 달빛을 가르고 벌레소리 그윽한 곳을 찾아 쏜살같이 달린다. 라인 강가에서만 슈베르트의 세레나데가 들리고 다뉴브 강 언덕 으슥한 곳에서만 청춘 남녀의 달콤한 속삭임이 들릴까 보냐?

옛 성터에 비치는 일그러진 달빛과 같이 젊은 사람들 빛깔은 바래고 모든 경상이 소조한 우리 땅에도 사람의 눈을 꺼리는 일영과 혜경의 몸을 숨길 만한 자리는 한강의 구석구석에 있었다. 보트는 바위 그늘에 노를 멈추었다. 노량진 일대에 불빛은 얕은 하늘에 깔린 별의 자손인가? 뽀얀 밤안개 속에 아득히 반짝이고 별을 쫓는 구름은 수림 사이에 맑은 바람을 풍기며 두 사람의 머리 위를 씽씽 달린다. 잠잠히 흐르는 물결, 말없이 비치는 달빛, 혜경은 머리를 숙여 말이 없고 일영은 바위에 머리를 기대고 눈을 감은 채 묵묵하다. 이윽고 혜경은 머리를 들어 애연한 어조로,

"무얼 그렇게 생각하세요? 네?"

하고 한 마디 건네 보았으나 일영은 긴 한숨으로 대답할 뿐 어디선지 멀지 않은 곳에서 처량스러이 구슬픈 곡조를 꺾어 넘기는 피리소리가 들려온다. 바위 하나를 격해서 몰래 와 숨어앉은 흥렬이가 두 사람의 애달파 하는 양을 바라보며 겸하여 자기의 신세를 돌아보고 터전만 남은 고향과 소식조차 알 길 없는 가족을 생각하매 창자가 끊어질 듯한 회포를 스스로 금할 길 없어 한 자루 단소에 영탄의 곡조를 붙여 불고 있는 것이다. 일영은 이제야 천천히 입을 열어,

"운명을……. 우리의 운명을 생각하고 있습니다!"

하고는 머리를 수그려 물 속에 비친 혜경의 얼굴을 힘없이 들여다본다.

"참말 알 수 없는 것은 사람의 운명이야요. 우리가 이렇게 만날 줄이야 꿈엔들 생각해 본 적이 없었건만⋯⋯."

말이 끝나며 손수건으로 입을 가리고 기침을 시작한다. 홍열이가 부는 단소 소리는 그칠 줄 모르고 두 사람의 영혼을 얽어맸다 풀어놨다 하다가는 그 여음이 실낱같이 가늘게 공중으로 사라진다.

두 청춘 (2)

만나기만 하며는 무슨 말이든지 시원스럽게 터놓고 하리라고 벼르고 벼르다가 다시 얻기 어려운 조용한 기회에 두 사람은 지적에 앉았건만 '나는 당신을 사랑합니다.' 하고 시원스러이 확 뿜어낼 용기는 두 사람이 다같이 없었다. 아직까지 이성과의 접촉이 없었던 그들은 비겁하다고 할 만큼 수줍어서 피차에 그리던 사람의 얼굴이언만 똑바로 쳐다보지도 못하고 표현할 수 없는 감격에 가슴만 울렁거린다.

자동차에서 허겁지겁 뛰어내린 준상이는 모터보트를 잡아탔으나 으슥한 바위 그늘에 숨은 혜경이의 그림자는 쉽사리 찾아내기 어려웠다. 그래서 연안 일대를 구석구석 뒤지기 시작한 것이다. 신비스럽다고 할 만큼 고요하던 강 위에 적막을 악마가 이빨을 맞추던 소리 같은 발동기 소리로 어질러뜨리고 한강 한복판을 가르며 가까이 닥쳐올 때 바위 위에서 새끼를 지키는 사자와 같이 두 사람의 거동을 살피고 있던 홍열의 날카로운 눈이 약빨리 준상이가 타고 오는 것을 발견하였다.

삼십 분 후, 바위 그늘의 일영과 혜경은 '마부시(섶)'에 오른 누에가 실을 뿜어내듯 한번 시작된 이야기가 끊칠 줄 모르고 풀려 나왔다. 혜경은 자기 집안 형편과 지금 서울서 지내는 고생스러운 사정을 이야기하고 날이 갈수록 몸이 쇠약해 가는 것을 말함에 일영이는 자기가 당한 것과 같이 혜경의 처지를 동정하고 그의 신병을 염려하여 속히 의사의 진찰을 받기를 권하고 날을 정해서 병원에 같이 가 보자고 약속하였다.

혜경은 한참 동안이나 말이 없다가,

　"그런데 시골 댁에는 누구누구 계서요?"

하고 대답하기 곤란한 말을 물었다. 일영은 서슴지 않고,

　"늙은 어머니가 계십니다."

하고 대답은 하였지만 눈앞에는 벌써 그의 아내가 나타나 혜경과의 사이를 가로막으며,

　"나는 당신 한 분만을 생각하는 당신의 아내입니다."

하며 너무나 고적한 자기의 신세를 생각하며 하소연하는 듯하다.

　혜경은 야무지게도 똑똑한 음성으로,

　"그러구요 또 누가 계십니까?"

하고 바짝 캐어묻고는 일영의 얼굴에 샛별 같은 시선을 뒤집어씌우며 그의 입에서 무슨 말이 떨어지는지 조급히 그 대답을 기다린다. 이 순간에 일영의 머릿속에는 두 가지 대답이 서로 맞다투었다. 한참 동안이나 주저하다가,

　"나는 아직 독신입니다."

하는 대답이 입 밖을 튀어나오려고 입 안에서 뱅뱅 돌 때에 속일 수 없는 양심의 혓바닥을 속으로 끌어들였다. 일영은 용기를 내어,

　"……아내가 있습니다!"

하고 바른대로 토해 버렸다. 이 대답 한 마디는 참으로 혜경의 머리 위에 떨어지는 청천벽력이었다. 숨기려도 숨길 수 없는 절망의 빛이 떠돌자 일영의 무릎에 얼굴을 폭 파묻었다. 일영은 뜨거운 눈물이 무릎 위로 배어드는 것을 느끼매 참을 수 없이 설움에 복바쳐 올라왔다. 혜경은 어린애처럼 일영의 무릎에 매달려 흐느껴 운다.

　일영은 입술로 눈물을 깨물고 들먹거리는 혜경의 등을 어루만지며,

　"혜경 씨!"

하고 가만히 불렀다. 혜경은 반쯤 머리를 들고,

"네?"

하고는 다시 고개를 수그리고 남자의 얼굴을 바로 쳐다보지 못한다.

일영은 몸을 반쯤 일으키며 혜경의 손을 잡았다. 일영의 심장에 끓어오르는 뜨거운 피가 혜경의 혈관으로 쏟아져 흘러들어 전신에 퍼졌다가는 다시 일영의 몸으로 돌아들어오는 듯 두 사람은 서로 자기의 몸이 어디 있는지를 알지 못하는 것 같았다. 일영은 열에 띄운 사람같이,

"혜경 씨! 혜경 씨 혜경 씨!"

하고 연거푸 불렀다. 그리고,

"나는 당신을 사랑합니다!"

하고 부르짖듯 하였다. 이 한마디의 말은 혜경의 가슴을 또 한 번 전기를 통한 쇠끝으로 찌르는 듯하였다. 혜경은 눈물을 씻으려고도 하지 않고 일영을 쳐다보며,

"저를 누이동생처럼 사랑해 주서요. 네, 일영 씨!"

일영은 조금 머리를 흔들며,

"내 마음을 나 자신 속이지는 못하는 것이야요. 나는 당신을 누이처럼 사랑할 수는 없습니다."

"그렇지만 어떻게 해요. 부인이 계시지 않아요?"

일영은 흥분한 어조로,

"아닙니다! 우리 어머니의 며느리며 내게 고맙게 해 준 은인이 될지언정 결단코 평생을 같이할 내 아내는 아닙니다."

하고 힘있게 부르짖었다. 흥열은 단소 불기를 그치고 두 사람을 찾아 그 옆에까지 와서 엿보고 있는 준상이를 한바탕 골려 줄 궁리를 하고 있다.

중역실

준상이가 두 사람이 있는 곳을 발견해서 그 근처에 배를 멈추고 몰래

이야기를 들으려고 바위 등성이를 기어오르려 할 즈음에 머리 위에서 나무가 흔들흔들 하더니 모래와 잎사귀가 우수수 하고 떨어진다. 준상이는 머리끝까지 쭈뼛하여 사방을 살펴보았지만 아무것도 눈에 띄우는 것이 없다. 이상스럽다고 발을 옮겨 디디려 한즉 또 우수수 소리가 나며 이번에는 무엇이 그런지 모래를 한 움큼이나 얼굴에다 끼얹는다. 준상이는 겁이 더럭 나서 발을 헛딛고 바위 위에서 미끄러져 물 속으로 굴러떨어졌다. 요행 물이 깊지는 않아서 허위적거리고 뱃전을 붙들고 올라오다가 그래도 두 사람이 있는 곳이 궁금해서 기웃거리다가 돌멩이가 언덕 위로 굴러내려 풍덩하고 준상이는 몸뚱이에 물을 흠씬 뒤집어썼다. 준상은 가슴이 덜컥 내려앉는 듯 놀라 언덕 위를 치어다보았지만 역시 아무것도 없고 난데없는 시꺼먼 그림자가 달빛에 어른거린다.

에그머니! 시꺼먼 그림자가 또 따라왔구나 하고 겁쟁이 준상이는 모터보트에 뛰어올라 핸들을 막 돌려 뒤도 못 돌아보고 내뺐다. 준상이가 줄행랑을 한 후에 바위 위로 넌지시 넘겨다보는 것은 흥열의 웃는 얼굴이었다. 흥열이는 무슨 까닭으로 위조 편지까지 하여 가며 —— 그 전날 두 사람이 받은 편지는 흥열이가 한 짓이었으며, 아직도 두 사람은 모르고 있다. —— 모든 일을 제쳐놓고 쫓아다니며 그들에게 만날 기회를 만들어 주고 극력으로 혜경의 신변을 보호해 주는지 그의 행동을 이해하고 마음 속을 짐작하는 사람은 아직 하나도 없다. 일영과 혜경은 준상이가 자기네의 행동을 노려보고 간 것도 알지 못하고 강가에 별가루를 뿌려놓은 듯한 흰 모래를 밟으며 손길을 마주 잡고 거닐었으니 어느덧 고기잡이 배의 불도 꺼지고 달도 기울었건만 짧은 여름 밤, 안타깝게 흐르는 시간의 십 분 이십 분……. 삼경이 지나도록 두 청춘의 속삭임은 그칠 줄 몰랐다.

며칠 후에 혜경의 병이 거진 만기가 된 폐결핵이라는 놀라운 진단을 받았다. 당자의 절망은 말할 것도 없지만 일영의 고민도 극도에 달했다. 둘이 다 씻은 듯 부신 듯 가난한 차에 이태 동안이나 전지 정양을 해야 살아날 희망이 있겠다는 의사의 말을 듣고 병원 문 밖을 나올 때는 무슨 짓이라도 할 결심을 하였다.

어느 날 오후.

고려 흥산 회사에서 서기 두 명을 급히 사용하겠다는 광고를 본 일영이는 무슨 노동이든지 해서 혜경의 치료비를 대어 주겠다는 결심을 하고 길거리로 나섰다. 그 전날 저녁부터 먹을 것이 없어서 오늘 오후까지 생으로 굶고 자릿속에서 주린 창자를 뒤틀다가 벌떡 일어설 때에는 머리가 핑핑 내둘리고 다리가 헛놓였다.

골목을 나서서 큰길을 걸으려니까 하늘빛이 노래지며 어찔어찔하건만 나머지 기운을 바짝 차리고 앞만 보고 걸었다. 설렁탕집 앞을 지나갈 때 훈훈한 김이 서려 나오며 일영의 얼굴에 훅 끼친다. 일영은 마른침을 삼키고 몇 간통을 걸어가려니까 선술집에서 이글이글 굽는 고기 냄새가 코를 찌르며 비위를 끌어당긴다. 일영은 고개를 홱 돌려 냄새를 피하며 비슬비슬 길모퉁이를 걸어 겨우 고려 흥산 회사라는 간판이 붙은 삼층 양옥집 앞에 다다랐다.

서기는 일영을 중역실로 안내하였다. 중역실에는 준상이가 장부에 도장을 찍고 있다가 오일영이라는 사람이 직업을 얻으러 왔다는 보고를 듣고 한참 동안이나 무엇인지 생각해 본 뒤에 불러올리라고 한 것이다. 일영이가 중역실 도어를 열고 그 안으로 발을 들여놓으며 맞은편을 바라보니까 뜻밖에 준상이가 여송연을 씹으며 큰 의자에 거만스러이 걸터앉았다. 일영은 우선 반가웠다. 어쨌든 삼사 년 동안이나 얼굴을 맞대고 지낸 동창이었으므로…… 그러나 벌써 두 사람 사이에는 계급의 성벽이 두껍게 쌓였고 또 한편으로는 생명이라도 걸고 싸워야 할 사랑의 적인 것이었다. 일영은 언뜻 반가운 김에,

"어! 임준상……."

하고는 의식이 돌며 생각하니 임준상이라는 이름 밑에 '씨' 자를 붙여야 옳을지 '군' 자를 붙여야 옳을지 망설이지 않을 수 없었다.

지주와 작인

준상은 제가 이 때까지 해 온 지저귀*는 일영이가 조금도 모르는 줄 알고 혜경의 이야기를 멀리 둘러서 끄집어 내며 일영의 속을 떠보려고 들었지만 준상이쯤이 덜미를 짚는다고 속아서 배알을 뽑히는 일영은 아니었고 도리어 준상의 배알 속이 빤히 보였을 뿐이었다. 거의 한 시간쯤 뒤에 일영은 무엇엔지 가슴을 눌리는 듯한 중역실을 벗어져 나와 층층대 난간에 한 팔을 짚고는 '휴……' 하고 한숨을 길게 내쉬었다. 일영은 입술을 깨물어 가며 모든 것을 참고 내일부터 준상의 밑에서 일개 서기생이 되어 사무를 보아 주기로 하였고 준상은 얼른 일영에게 직업을 주어 생색을 내보인 뒤에 그를 정실 관계로 얽어매어 사오십 원 월급으로 매수를 해 둘 필요가 있었다.

사오 일 후.

일영과 혜경의 사이가 점점 가까워지며 어떤 때는 대담스러이 신혼한 부부처럼 길거리를 나란히 서서 다니더라는 소문을 탐지한 준상이는 무서운 그림자가 줄창 따라다니는 혜경에게 직접 손을 대다가는 또 무슨 봉변을 당할지 몰라 겁을 집어 먹고 이번에는 간접으로 활동을 개시하였으니 첫번 착수로 전보를 쳐서 자기 마음대로 할 수 있는 혜경의 아버지를 급작스러이 불러올렸다.

저녁밥을 잘 대접한 뒤에 준상은 혜경의 부친을 불러앉히고 시골 사정을 몇 마디 물어 보고 나서는,

"자네 집 지내는 형편과 금년 연사는 대강 들어도 짐작하네마는 근자

---

* 지저귀 남의 일을 방해하는 짓.

에 좀 옹색한 일이 있어서 자네가 보아 내려오던 아랫마을 스무 섬지기와 자네 집 앞에 밭 여드레 가리가 다른 사람에게로 넘어가게 되었는데 의논 한 마디 안 할 수 없어 오라고 한 것일세."

혜경의 부친은 기가 컥 막혀 눈을 크게 뜨고 멍하니 답주의 얼굴을 치어다보다가 손을 비비며,

"소인이 삼대째나 보아 오던 논을 떼시겠단 말씀이오닛가?"

준상은 홀깃 곁눈으로 놀라는 눈치를 보고 태연히 고개를 끄덕이며,

"응, 사정은 좀 박절하지만……."

한 마디 해 내던지고 위엄있게 시치미를 뗀다. 혜경의 부친은 엎드려 빌듯하며,

"사세 부득이 내립시는 처분이옵지마는 수다 식구가 농사 때에 떼거지가 되오니 너무 박절하지 않으오니까? 소인이 잘못한 일이 있거들랑 한번만 사해 주시고……."

하고는 늙은이는 목이 메어 애원하였다.

……준상이는 다짜고짜 늙은이에게 큰 위협을 주어 머리를 못 들게 해 놓고 한참 말이 없이 거동만 살피다가 슬쩍 혜경의 이야기를 둘러대었다. 제 지각이 날 만한 장성한 처녀의 몸으로 학교를 마치고도 근친을 가지 않고 일없이 서울에 머물러 있으며, 놓아먹인 말 모양으로 갈 데 못 갈 데 없이 싸질러 돌아다니는 것이 천부당 만부당한 일인데다가, 얼마 전부터 어떤 자와 얼려다니다가 못된 병까지 옮아서 병원 출입을 한다는 소문을 듣고 내 집에라도 데려다 두려고 몇 번이나 찾아갔건만 유숙하는 곳에도 붙어 있지를 않아서 못 만나 보았노라고 도리어 부모가 감독을 잘못하는 양으로 늙은이를 준절히 꾸짖듯하였다.

혜경의 부친은 영문도 모르고 올라와서 천만 뜻밖에 목숨줄이 끊어져 앞이 캄캄한데다가 맏아들 겸 태산같이 믿었던 딸자식까지 버렸다는 말을 들으니 놀라움이 지나서 얼빠진 사람처럼 정신을 차리지 못하

고 두 팔을 늘어뜨리며 펄석 주저앉은 채 말문이 막혔다. 준상은 헉헉 느끼기만 하는 혜경의 부친을 내려다보며 나즉한 목소리로 어린애를 달래듯이,

"허나 잠시 보아도 위인은 매우 똑똑한 모양인데 아직도 나이가 어려서 경험이 없는 탓으로 일시 발을 잘못 들인 것이니까 그다지 염려할 것은 없겠지. 이 앞으로도 상당한 사람이 잘 지도만 해 주면 지난 일이야 그다지 숭될 것이야 있겠나. 하여간 그 병 때문에 큰 걱정인 걸……. 진찰을 하였다는 의사가 마침 집에 다니는 사람이어서 자세히 물어 보니까 이태 동안이나 썩 호강스러이 지내야 완치가 되지 그렇지 않으면 올해를 넘기지 못하리라고 하던데 자네헌테 그만한 재력이 있겠나?"

하고 슬그머니 제게다 혜경을 맡겨달라는 눈치를 보였다.

산 제물 (1)

밤이 늦도록 의논을 한 끝에 팔려고 하던 전답은 아직 넘기지 않도록 보류를 해 놓고 그 대신으로 혜경이를 준상의 집에 맡겨 두고 치료를 받게 하도록 당자의 의견은 물어보지도 않고 자기네끼리 작정을 해 버렸다. 그 이튿날 아침 일찍이 혜경의 아버지는 딸을 찾아가서 홧김에 눈이 빠지도록 혜경을 꾸짖고 나서 준상의 집에 가서 있으라고 명령을 하였다. 아무리 친아버지 앞이라도 오장을 꺼내어 뒤집어 보일 수는 없었으니 무정지책을 들어도 발명 한마디 해 볼 수가 없었다. 그러나 아무래도 명령대로 복종할 수 없어서,

"아버지! 다른 말씀은 다 복종해도 그의 집에는 죽어도 가 있기가 싫어요."

하고 쏘아붙이듯 하고 모진 결심을 보였다. 몇 달 전에 준상의 독수에 걸려 하마터면 유린을 당할 뻔하였다는 말까지 해 버리려고 하였으나

차마 말이 나오지를 않아서 덮어놓고 못 가겠다고 악지를 쓰니까 속 모르는 아버지는 다른 생각이 있어서 그러는 줄 알고,

"글쎄 이년아! 지각이 없어도 분수가 있지, 그 양반 말씀을 듣지 않고 비위를 건드렸다가는 집안 식구가 굶어 죽을 수밖에 없지 않으냐? 아무리 신식 공부를 했다기로서니 부모가 있고 네 몸뚱이가 생겨났겠지, 그래 별 효도는 못할지언정 어미 아비 쪽박을 차고 행길바닥에 나가는 꼴을 네 눈깔로 보아야만 시원하겠니?"

하고는 천장이 얕다고 펄펄 뛰며 몸부림을 한다.

혜경은 어쩔 줄 몰랐다. 아무리 부녀 사이에 이해는 없다손치더라도 늙은이가 금세로 동풍이나 될 듯이 날뛰는 모양이 몹시 가엾어 보일 뿐 아니라 여생이 얼마 남지 못한 늙은 부모와 철모르는 어린 동생들이 기한에 떨고 있는 것을 바로 눈앞에 보는 듯해서 쥐구멍이라도 있으면 머리를 틀어박고 싶었다.

그러나 아무리 사정이 박부득하기로 집안 형편만 보아 준상에게로 가자 하니 처음에는 병을 고쳐 준다는 핑계로 끌어다가 개 도야지 모양으로 먹여 두고는 연약한 자기의 살을 짓이겨 놓고야 말 것이 뻔한 수작인즉 부모를 살리는 것도 좋은 일이지만 자기의 몸뚱어리도 그다지 값싼 것은 아니었다. 더구나 자기의 등 뒤에는 생명이라도 희생할 각오로 사랑해 주는 일영이가 있지 않은가. 혜경은 참으로 안팎 곱사등이가 되어 옴치고 뛸 수가 없었다.

한참이나 아버지의 사설을 듣고 있으려니까 머리가 터질 듯이 아파 오고 기침이 몹시 나서 아픈 가슴을 짜내며 담을 한 덩어리나 뱉고는 방바닥에 배를 깔고 폭 엎드러진 채 정신을 차리지 못한다. 아버지는 딸이 기절이나 한 줄 알고 허겁지겁 냉수를 떠다가 입을 축여 주고 다리 팔을 주물러 준다. 한참 만에 혜경은 몸을 일으키고 머리를 들어 아버지를 쳐다본다.

어느덧 아버지의 찌푸렸던 얼굴은 구름이 걷힌 장마 뒤의 하늘같이 노염이 풀리고 어려서 그의 무릎에 매달려 응석을 부릴 때 사랑에 겨워 벙긋이 웃고 내려다보던 때와 조금도 변함없이 자비하였으나 고생살이에 찌들은 그의 얼굴에는 주름살 잡힌 뺨을 흘러내린 눈물의 흔적이 보인다. 눈물 한 겹을 격해서 아버지와 딸의 얼굴이 한참 동안이나 서로 바라보는 동안에 길을 잃었던 병아리가 어미의 따뜻한 날개 속으로 기어들 듯 병들고 고단한 혜경의 몸은 옛날과 조금도 변함없이 자애 깊은 아버지의 품속에 안긴 것을 깨닫자 다시금 뜨거운 눈물이 앞을 가리웠다. 혜경은,

"아버지!"

하고 부르고는 아버지의 무릎에 얼굴을 비비며 느껴 운다. 이해는 있건 없건 가장 깨끗한 사랑으로 제 몸을 길러 준 이 세상에서 제일 가까운 친어버이였고 밉건 곱건 핏줄이 켕기는 자기의 골육이었다. 아버지는 딸의 머리를 쓰다듬어 주며 목이 메어,

"혜경아, 늙은 아비가 평생 처음으로 네게 청하는 일을 못하겠다고 그렇게 고집을 세워야 옳단 말이냐? 이렇게 몸이 파리하도록 병이 든 줄도 모르고 있던 아비의 마음은 칼로 에이는 것 같구나."

하고는 훌쩍이며 코를 마신다.

산 제물 (2)

그 날 밤 혜경이는 잠시도 눈을 붙여 보지도 못하고 자살이라도 해 버릴 생각을 하며 밤을 밝혔다. 극도로 고민한 끝에 히스테리 증세가 발작됨인지 '예라 내가 살면 무엇이 그다지 행복하랴.' 하고 자포자기를 하게 되었다. 폐결핵은 아무도 고쳐 보지 못한 병이라 하니 방금 자기의 폐를 벌레가 나무 잎사귀를 쓸듯 병균이 좀먹어 들어갈 것이라 죽을 날짜를 손꼽아 가며 앞으로 한두 해 동안을 구차스러이 산단들 닥치

는 곳은 쓸쓸한 무덤이 아니냐. 연애도 결혼도 귀찮은 장난 같고 원만한 가정을 꾸며 보려는 것도 망령된 공상이었을 뿐이요, 죽음만이 눈앞에 기다리고 있는 터에 행복이란 것도 결국 미신일 따름이다. 아아 잠시 이 세상에 목숨을 붙이기가 왜 이다지도 괴로우냐? 주위의 모든 사람은 무슨 업원으로 촛불로 날아드는 나비의 신세 같은 이 몸을 달달 볶아서 죽을 날도 편안히 기다리지를 못하게 되는가.

혜경의 마음은 절망의 함정 속에서 헤매었다. 허리띠를 풀어 가지고 몇 번이나 대들보를 쳐다보았다. 그러나 그럴 때마다 일영이가 달려들어 자기의 목을 먼저 얽어매어 달리듯 '그이나 한 번 마지막으로 만나 보고, 꼭 한 번만 만나 보고…….' 하고는 끄나불을 요 밑에다가 감추었다. 일영에게 대한 애착심은 아직도 남아 있어서 혜경으로 하여금 얼핏 자살도 하지 못하게 하였다.

그 이튿날 혜경은 준상의 집에 가서 계집종 노릇이라도 해 주겠다고 승락을 하고 아버지를 위로시켜서 시골집으로 내려보냈다. 이왕 죽을 목숨인 다음에야 저를 낳아서 이십 년이나 먹여 기르고 알뜰하나마 이 세상 구경을 시켜 준 부모의 은혜나 갚아 드려 늙은이들이 굶어 돌아가는 꼴이나 보이지 않을 생각으로 산 제물이 되어 그 가냘픈 육체를 바치려 하였던 것이다. 고려홍산회사 붉은 벽돌담에 석양이 남아 빛을 던질 때 이른 여름 긴긴 하루 해를 그 집 속에 갇혀서 일을 하는 회사원들은 몸이 솜같이 피로해서 풀기가 하나도 없이 회사 문 밖으로 풀려 나온다. 거기에는 일영이도 섞여 온다. 등 뒤에서 일영의 어깨를 짚는 사람이 있어서 돌려다보니 그는 준상이었다.

"여보게 일영 군, 출출한데 오래간만에 우리 한 잔 해 볼까? 참 자네는 술을 못하지. 그럼 내 집에 가서 저녁이나 같이 먹세."

하고는 여간 사람이 길에서 인사를 해도 모가지를 칠성판 위에 굳어 붙였는지 뻣뻣하던 준상의 머리가 웬일인지 고분고분해지고 청좌를 하는

품이 매우 은근하다. 일영은 뒤통수를 긁적긁적하며,

"글쎄요."

하고는 못 가겠다는 핑계가 얼른 생각이 나지를 않아서 우물쭈물할 때에 준상은,

"자! 가세."

하며 일영의 팔을 잡아당겨 제 집으로 같이 갔다.

산 제물 (3)

저녁상을 물린 뒤에도 준상이는 일영에게 독한 약주를 권한다느니보다는 억지로 먹였다. 요리 정책을 써서 우선 입을 씻겨 놓고 독한 술로 잔뜩 흥분을 시킨 뒤에 일영이가 근자에는 혜경에게 대하여 어떠한 태도를 갖고 있으며 사랑을 한다면 그 열도가 어떤 정도까지 올라갔나를 알고 나서 뱃속에 감춘 제 술책으로 일영이마저 얽어 집어 넣어 혜경을 데려오는데 아무런 장애가 없도록 예방선을 쳐 놓으려는 것이었다.

준상이는 마침내 혜경의 말을 끄집어 내었다.

"여보게 일영 군, 실상인즉, 오늘 저녁에 자네하고 좀 의논할 일이 있네. 자네하고 지금 연애하는 여자 말일세. 그 여자가 불일간 내 집으로 와서 있게 됐네."

일영은 깜짝 놀라지 않을 수 없었다.

"뭐? 혜경 씨가?"

하고 커다란 눈으로 준상을 치어다보았다. 준상은 침착한 태도를 보이며 가라앉은 목소리로,

"자네가 놀라는 것은 무리가 아니겠지. 그렇다고 결단코 나를 오해하지는 말게. 자네도 알다시피 나는 아내와 자식까지 있는 터에 하필 죽마고우라고 할 만한 자네의 사랑하는 여자를 가로채어 빼앗을 그러한 불의의 짓이야 하겠나. 그만큼은 자네가 나를 신용해 주겠지."

하고 나서는 자기의 마름인 혜경의 부친이 딸의 병을 들고 올라와서 억지로 떠맡겨서 병을 고쳐 주기를 애원함으로 대단히 부질없는 일이고 자기로서는 거북한 일이 많아서 맡아 둘 수 없다고 고집을 세워 보았지만 곰곰히 생각해 보니 사정이 딱하기도 하고 자기의 금력으로 도와주지 않으면 똑똑한 젊은 여자 하나를 자기 손으로 죽이는 것 같아서 마지못해 데려다 두기로 하였다는 말을 한 후에 자기 아내가 병구완까지 해 줄 책임을 지다시피 하였노라고 안심을 시켜 놓고서,

"자네 앞에서야 무슨 말을 못하겠나, 실상인즉 학교에 다닐 때 자네와 같이 그 여자를 처음 보았을 때는 아닌게아니라 뒤도 밟어 보고 간접으로 귀찮게도 군 적이 많은 그 여자가 내 마름의 딸인 것을 안 다음에는 또 자네와 피차에 사랑하는 사이가 되었다는 소문을 들은 뒤에는 맺고 끊은 듯이 아주 단념해 버렸네, 그러니 자네도 박봉을 갖고 도저히 그 사람의 뒤치다꺼리까지는 할 수 없을 터인즉 그 일로 너무 고통을 받을 것이 없이 병이 웬만큼 차도가 있을 때까지 자네의 애인을 내게 맡겨 주면 맹서코 친구로서의 신의는 지켜 줌세."

준상의 태도는 점잖고도 퍽 진실하였다. 머릿속이 죄어드는 듯이 긴장되었던 마음이 알코올 기운에 약간 풀어져 냉정한 이성을 잃은 일영의 귀에는 처음으로 준상의 입에서 제법 인간미가 있는 참된 말을 듣는 듯 모든 것이 호의로만 해석되었다. 일영이는 눈을 감고 입술을 깨물며 한참 동안이나 말이 없었다.

귓바퀴에서 잉잉 소리가 들리도록 응접실 안은 무거운 침묵이 흐르며 벽이 찢어질 듯이 긴장된 기분으로 가득 찼다. 아까부터 준상의 아내가 나와 응접실 도어를 빠끔히 열고 두 사람 이야기를 엿듣고 있었다. 일영은 벌떡 일어서며 곁에 있는 맥주병을 거꾸로 잡고 '데스크' 모서리에다 후려갈겼다. 모가지가 부러진 맥주병은 피이 소리를 내며 거품과 술이 물 끓듯 용솟음을 치다가 쏟아져 흐른다. 일영은 술병을 번

쩍 들고 단숨에 마시고는 마룻바닥에다 메다붙였다.

더운 김을 훅훅 뿜어내는 일영의 입에서는 피가 흘러내린다. 한 오 분 동안이나 발이 들러붙은 듯이 꼼짝도 안하고 서 있다가 비틀걸음을 걸어 준상의 앞에 가서 폭 엎드리며 무릎을 꿇었다.

"준상이! 나는 자네 앞에 무릎을 꿇었네! 혜경 씨는 참으로 가엾은 여 자일세. 마음껏 치료도 해 보지 못하고 말러죽는 것을 차마 어떻게 보겠나? 나중에는 어떻게 되든지 자네가 그 사람을 내 가슴에서 빼 앗아 가는 한이 있드래도 우선 그의 목숨을 붙들어 주게!"

일영은 울음을 섞어 느껴 떠는 목소리로 애원하였다. 준상은 빙긋이 웃으며 일영의 하는 양을 내려다보다가,

"염려 말게. 자네가 지금 한 말을 잘 기억해 두겠네."
하고 단단히 뒤를 다졌다.

별장 (1)

그 날 밤 자정이나 되어서 준상의 집을 벗어져 나온 일영은 그 길로 혜경의 숙소를 향하여 발꿈치를 돌리고 큰길로 나서자 산산한 바람이 속옷 속으로 스며들어 제 입에서 나는 술냄새가 물큰 찌른다. 일영은 손수건으로 입을 가리고 급히 걸었다. 혜경의 집 가까이 이르렀을 때 골목 안으로부터 앞뒤 패를 지른 인력거 한 채가 풍우같이 몰아나온다. 우비를 씌워서 탄 사람이 누군지는 알 수 없으나 어느 돈 있는 놈의 첩 의 행차인가보다 하고 길을 비켜 주었다. 인력거는 바로 일영의 어깨를 스치고 지나갔다. 혜경의 숙소에 이르러 전일 혜경이 가르쳐 준 법대로 대문 틈으로 칼끝을 들여밀어 살살 빗장을 밀어벗기고 안마당에 들어 서 발소리를 죽이며 문 앞으로 가까이 가서 미닫이를 똑똑 뚜드렸다. 방에 불은 꺼졌는데 귀를 기울여도 인기척이 없다. 잠이 깊이 들었나보 다 하고 미닫이를 살그머니 열고 나직이,

"혜경 씨."

하고 불러 보았다. 여전히 대답이 없다. 일영은 의아해서 눈동자를 횃불 같이 둘러 캄캄한 방 안을 살펴보았다.

웬일인지 맞은편 들창이 반이나 열려 하늘의 총총한 별이 내다보이고 빈소방같이 찬바람이 휘이 돌 뿐……. 일영은 성냥을 드윽 그었다. 방 한 구석에는 헌 신문지와 휴지 뭉텅이가 흐트러져 있고 혜경은 그림자도 찾을 수 없다. 일영은 가슴이 덜컥 내려앉는 듯 방바닥에 가 털석 주저앉으며 아랫목에 손을 대어 보니 운명이 가까워 마지막 숨을 거두어들이는 사람의 체온과 같이 아직도 미지근한 온기는 가시지 않았으나 이 자리에 누웠던 사람은 벌써 간 곳을 찾을 길 없고 쥐가 반자를 긁는 소리만 일영의 머릿속을 박박 긁어 낸다.

"누구냐?"

하고 안방문을 열어젖뜨리며 선잠을 깬 주인은 소리를 빽 질렀다.

……일영은 혜경이가 벌써 준상의 집으로 간 것을 주인 마누라에게 들었다. 골목 바깥으로 풍우같이 몰아나가던 그 인력거 그것은 혜경이가 타고 간 까만 칠한 상여가 아니었던가? 주인 마누라는 편지 한 장을 일영에게 전하였다.

일영 씨! 제가 죽은 줄만 아시고 찾아 주지 마시기 바랍니다. 그리고 저를 진정으로 사랑해 주셨거던 이 몸의 허물을 너그러이 용서하여 주시고 지난 일은 영영 잊어버려 주시기를 비오며 만일 혜경의 무정함을 길이 용서하여 주실 수 없거든 날카로운 비수를 제 가슴에 꽂아 주십시오. 아아 당신의 손으로나 이 몸이 죽사오면 얼마나 기쁜 마음으로 눈을 감으리까?

일영은 머리카락을 쥐어뜯으며 어린애처럼 엉엉 울다가 골통이 깨어져라 하고 벽에다 머리를 들부딪치었다. 지쳐 늘어져 주인 없는 빈 방에서 하룻밤을 밝혔다. 그 이튿날 아침 여러 날을 두고 일영을 찾아다니던 홍열에게 이끌려 노동 숙박소 방구석에서 오래간만에 두 친구가 모이게 되었다.

사흘 후 준상의 별장. 새로 두 시나 되어서 혜경은 겨우 잠이 들었다. 혜경의 침실로 정한 방은 유리창 밖으로 우거진 수림이 내어다보이는 남향한 양실이었으니 창 앞에 조그만 침대가 놓였다. 근처에 인가도 없는 외따른 집이니 밤이면 무섭게 고적한 곳이다.

아닌밤중에 침실 문이 소리 없이 열리며 시꺼먼 발이 문지방을 넘어 들어오더니 저벅저벅 혜경의 침대 앞까지 와서는 멈춘다. 이윽고 하얗고 기다란 손이 쑥 내밀며 혜경의 가슴을 헤치고 이불을 벗기려 한다. 그는 침의만 입은 준상이었다. 혜경은 몸을 비꼬며 모로 눕는다. 준상은 한참이나 혜경의 자는 얼굴을 뚫어질 듯이 내려다보다가 기다란 손을 내밀어 혜경의 허리를 끌어안으려 할 때 흰 이불 위에 난데없는 시꺼먼 그림자가 어른거린다. 준상은 움찔해서 창 밖을 내어다보니 과연 유리창 밖에서 그 무서운 괴상한 사람이 거닐고 있다. 준상은 겁결에 제 방으로 뛰어가서 금고 속에 넣어 둔 육혈포(권총)를 꺼내어 알을 재어가지고 돌아왔다. 시꺼먼 그림자는 또 어른거린다. 총부리는 그림자를 겨냥하고 한참이나 노린다. 준상은 얼떨김에 방아쇠를 잡아당겼다. '패앵' 하는 소리와 함께 유리창이 산산조각이 나며 혜경은 침대에서 한 자 가량이나 솟았다 떨어졌다. 준상이가 쏜 육혈포 한 방에 그림자의 정체는 가슴에 손을 대고 담모퉁이에 가서 대번에 폭 거꾸러졌다.

별장 (2)

총소리가 나자 쓰러진 사람은 홍열이었다. 일영에게서 그동안 지나온 경과를 자세히 들은 그는 반드시 혜경의 몸이 성한 채로 있기 어려

울 줄을 알고 여러 날 전부터 밤중이면 준상의 별장 근처에서 무슨 계책으로든지 다시 혜경을 빼낼 양으로 좋은 기회만 돌아오기를 엿보고 있던 것이다. 준상이는 화약 냄새가 무럭무럭 나는 육혈포를 단단히 움켜쥐고 마당으로 뛰어나갔다. 흥열이가 넘어진 곳까지 와서는 아주 죽었는지 아직 숨이 붙어 있는지 의심도 나고 하도 극성스러이 제 뒤를 쫓아다니며 온갖 일에 방해를 놓고 철퇴 같은 주먹에 혼이 나기도 여러 번 한 그 무서운 그림자가 과연 누구이며 어떻게 생긴 사람인가 궁금해서 그 얼굴이 보고 싶었다. 그러나 아직도 혹시 어쩔까 보아 마음을 놓지 못하고 여차하면 머리에다 한 방을 더 쏘아붙이려고 방아쇠를 지긋이 잡아당기며 구두 끝으로 옆구리를 쿡쿡 찔러 보다가 뒤집어쓴 외투 자락을 벗겨젖뜨리고 막 흥열의 몸에다 손을 대자 탄환에 가슴을 맞고 그 자리에 거꾸러져 즉사를 한 줄 알았던 흥열이가 별안간 벌떡 일어나 앉으며,

"이놈! 내가 죽은 줄 알았드냐?"

하고 닭장 속에 들어간 족제비를 튀기듯이 소리를 벽력같이 질렀다.

그러지 않아도 겁을 잔뜩 집어먹고 있던 준상이는 겁결에 방아쇠를 잡아 당겨 한데다가 한 방을 터뜨리고는 제 방귀에 놀라 '에그머니' 소리도 못 질러 보고 뒤로 나자빠졌다. 흥열이는 일어나 옷에 흙을 툭툭 털고 준상이 배때기를 밟고 넘어가며,

"시러베 아들놈 같으니."

하고는 혜경의 침실을 찾아 뛰어들어가 사시나무 떨듯 하는 혜경을 붙들고 지금 빨리 이 집을 벗어나 도망을 하자고 성화 같이 독촉하였다.

호각 부는 소리.

총소리를 두 번이나 들은 순행하던 형사는 간이 콩만해져 경관대에 전화를 걸어 비상소집을 했으므로 벌써 준상의 집을 에워싸고 십여 명이 달려들었다. 그 중에 몇 명은 담을 넘어 들어와 쓰러진 준상의 몸을

검사한다. 준상은 제가 내던진 육혈포를 가리키며,

　"강도! 강도!"

하고 잠꼬대하듯 부르짖었다. 경관들은 권총을 빼어들고 현관과 뒷문으로 벌려들어와 혜경의 침실 문까지 이르렀다. 경관대가 홍열을 체포하려고 집 안으로 몰려들어오는 것을 유리창으로 내어다본 사람은 혜경이었다. 혜경은,

　"강 선생님! 얼핏 숨으세요! 경관대들이 선생님을 잡으려고 쏟아져
　들어옵니다. 어서요, 어서요! 이리로 들어가세요."

하고 홍열이더러 침상 밑으로 들어가라고 발을 동동 구른다. 홍열이는 할 수 없이 침상 밑으로 엉금엉금 기어들어간다. 혜경은 약빨리 책상보를 마룻바닥까지 늘여 덮어 놓고는 자기는 이불자락으로 속옷만 입은 몸을 두르고 가려선다. 홍열이가 갑갑한지 머리를 쑥 내밀고 내어다보려 할 즈음 저벅저벅 소리가 가까워 오다가 문이 활짝 열리며 형사 하나가 권총을 빼어들고 들어선다.

　뒤에는 정복 순사가 따라들어온다. 내밀었던 홍열의 모가지는 자라 모양으로 움츨하고 들어간다. 혜경은 대담하였다.

　"에그머니나!"

　소리를 지르고 침대로 뛰어올라가며,

　"여자가 자는 방에 함부로 들어오는 법이 어디 있어요?"

하고 맵살스럽게 쏘아붙인다. 마침 앞장 서 들어오던 형사는 준상이가 매수를 하다시피 해서 먹여 살리며 준상의 신변을 보호하는 책임을 맡아 오던 사람이었다. 그자는,

　"실례올시다마는 강도놈이 이 방에 들어왔었지요?"

하고 구석구석 뒤져 보다가 침대 밑을 떠들어보려 한다.

　혜경은 형사를 쏘아보며,

　"글쎄 어디로 자꾸 달겨들어요? 강도놈은 이 때까지 나를 붙들고 힐

난하다가 지금 막 이 들창으로 뛰어나갔는데, 인제야 와서 찾기는 무
얼 찾어."

하고 저의 집 상노놈을 꾸짖듯하였다. 형사는 멀쑥해서 무어라고 중얼
중얼하며 나갔다. 홍열이는 머리를 내밀고 혓바닥을 늘름거린다.

새벽녘이 되어 근처 마을에 닭 우는 소리가 들려올 때 홍열은 혜경에
게 이번에는 실패했으나 다음 기회는 놓치지 않겠노라는 말 한 마디를
남겨 놓고 준상의 집을 나와 어디로인지 그림자를 감추어 버렸다. 눈에
핏줄이 질려 부근 일대에 철옹성같이 경계망을 치고 경관들이 물샐 틈
없이 늘어선 경계선을 홍열이는 과연 무사히 벗어났는지?

별장 (3)

보름 후 불과 십여 일 동안에 일영은 중병이나 치르고 난 사람처럼
몸이 몹시도 파리하였고 껍질을 벗은 '게' 같이 핏기가 하나도 없고 겨
우 이틀에 한 번씩 회사에 간신히 출근을 하고 나와서는 혜경에 관한
모든 일과 지난 날의 추억까지도 잊어버리려고 못 먹는 술까지 마셔 가
며 무진 애를 썼다. 그러나 잊어버리려고 애를 쓰면 쓸수록 술잔이 들
어가 얼근히 마음을 흥분시킬수록 새록새록이 혜경이가 가엾고 불쌍하
고 그립고 못 잊어 하늘을 쳐다보고는 한숨을 짓고는 밤이면 밤마다 눈
물로 베개를 삼았다. 일영은 아쉬운 마음에 혜경의 병이 더치지나 않고
과히 고민이나 하지 않는지 안부나 알고 싶었으나 오후 한 시쯤이나 되
어 나왔다가는 회사 안을 휘돌아보고만 나가는 준상을 붙들고 혜경의
소식을 묻기는 싫었다.

어느 날 오후 일영이는 준상이가 지방 출장을 나간 기회를 타서 혜경
을 별장으로 찾아갔다. 먼발치로 혜경이가 별탈 없이 지내는 것이나 바
라보고 돌아오리라 하고 그 근처에 가서 빙빙 돌며 혜경이가 혹시 정원
에 나와 거닐지나 않나 하고 담 안을 기웃거리다가 에라 이왕 온 김에

정식으로 면회를 청하리라 하고 현관으로 들어섰다. 집 안에서는 피아노 소리가 들린다. 그 피아노 곡조는 전일에 혜경이가 답답하면 군소리하듯 나직이 부르던 귀에 익은 〈트로이메라이(환상)곡〉이었다. 하녀가 나와 명함을 갖고 안으로 들어가자 피아노 소리는 그쳤다. 조금 있더니 하녀가 갖고 들어간 명함을 다시 들고 나와서,

"혜경 아씨는 손님을 아시지도 못하고 더구나 당초에 어떤 분이든지 만나 보지를 않으십니다."

한 마디 해 내던지고는 뒤도 돌아보지 않고 들어가 버렸다. 일영이 어이가 없어서 가지도 오지도 못하고 섰다가 분한 마음을 참지 못하고 안으로 뛰어들어가 너무나 혜경이가 무정함을 책망이라도 하고 싶었다.

한편으로 혜경이도 일영을 오해하였다.

그를 열렬히 사랑하였더니만큼 저는 아무리 모진 편지 한 장을 남겨 놓고 만나서 의논 한마디 없이 떠나왔기로서니 벌써 한 달이나 거진 되어 가도록 어쩌면 소식조차 전하지 않고 지내나 하고 계집애 마음은 야속하였다. 그런데다가 일영이가 준상에게 무릎을 꿇고 혜경의 일신을 부탁할 때에 그 거동을 엿보고,

"자네가 그 여자를 내 가슴에서 빼앗아 가는 한이 있드래도 우선 목숨만 붙들어 주게."

한 일영의 말을 엿듣고 들어간 준상의 아내는 입이 궁금해서 말을 참지 못하고 또한 미욱하게도 혜경을 시기하는 마음으로,

"나는 도저히 그 여자의 뒤를 대 줄 수도 없고 병이 중하니 데려다가 치료만 해 준 뒤에는 나는 절대로 상관을 하지 않을 터이니 그 뒷일은 자네 맘대로 조처를 하게."

하고 아주 귀찮고 진력이 나서 물건처럼 마음대로 고쳐서 사용하라고 준상에게 떠맡기고 갔었노라고 될 수 있는 대로 그럴 듯하게 거짓말을 보태서 혜경에게 전하고 나서는,

"어쩌면 사나이가 친구 앞에 무릎을 꿇고 눈물을 질질 흘리면서…….
펵도 못나게 굽다."
하고는 입을 삐쭉거리며 흉을 보았다. 처음에는,
"그이가 그렇게까지 했을 리가 만무하다."
하고는 곧이 듣지 않던 혜경이도 안부 한 마디 전치 않고 영영 모른 체
를 하는 것을 보고,
"남자란 그놈이 그놈이로구나."
하였다. 설사 일영과 연애 관계를 계속한다 하더라도 본처가 있는 사람
이라 결국은 첩 소리를 듣기는 마찬가지니 남에게 못할 노릇을 할 뿐이
아닌가 하였고 또 한편으로는 어쨌든 이 때까지 진정으로 사랑해 오는
사람에게 병을 전염시켜 줄 염려도 없지 않아서 어쨌든 일영을 아주 잊
어버리고 모든 것을 단념하려고 단단히 결심을 하고 있었던 것이다.

일영은 준상이도 없는 터에 자기를 문전의 걸객 모양으로 취급을 하
고 번연히 집 안에 있으면서도 잠시 만나 주지 않는 혜경의 심정을 추
측하기에 힘들었다.

"그만두어라. 들어가 보면 무얼하랴. 순결하던 네 마음까지 벌써 돈
있는 놈에게 빼앗겼구나!"
하고 홱 돌아서 나왔다. 문간에서 어쩔 줄 모르고 괴로워하다가 말없이
돌아서 가는 일영의 뒷모양을 창 밖으로 바라본 혜경은 너무나 가엾은
마음을 참을 수 없었다. 아무리 큰 오해를 품었더라도 그는 엊그제까지
제 몸의 장래를 맡겼던 사랑하는 일영이가 아닌가? 혜경은 여자다. 차
마 그대로 일영을 보낼 수가 없어서 간단히 인사나 한 마디 하여 보낼
양으로 급히 현관으로 나왔다. 일영이도 큰 모욕을 당한 듯 대단히 분
하여 발꿈치를 돌리기는 하였지만 등 뒤에서 무엇이 끌어잡아당기는
것 같아서 어쨌든 여기까지 왔으니 마지막으로 편지나 한 장 써 놓고
가리라 하고 돌아섰다. 두 사람은 현관에서 마주쳤다.

별장 (4)

두근거리는 심장의 고동이 들릴 만큼 두 사람의 얼굴이 눈앞에 마주치니 깨어진 거울을 대하는 듯 서로 비춰어 초췌하였다.

두 사람은 말문이 막혀 서로 바라보기만 하다가 혜경은 일영의 시선을 피하여 고개를 숙이며 곁눈으로 좌우를 살펴보고 손톱 여물을 썰며 여전히 말이 없다.

"요사이는 병환이 좀 어떠세요?"

하고 일영은 입을 열었다.

"그저 그렇지요. 그런데 무엇 하러 여기까지 오셨나요?"

혜경의 말하는 태도는 쌀쌀스러웠다. 일영은,

"무얼 하러 오다니요? 그것을 몰라서 물으시나요?"

"남에게다 네 마음대로 하라고 한 번 떼어맡긴 이상에야 여기까지 찾어오실 필요가 없잖어요."

하고 서슴지 않고 쏘아붙이듯 하고는 누가 오지나 않나 하고 연방 좌우를 살펴보며 일영의 앞에 오래 서 있기를 미안스러워하는 눈치 같다. 일영은 한 걸음 더 다가서서,

"당신을 떼어맡기다니요? 그건 확실히 오해입니다. 그리고 내가 당신을 만나 볼 필요까지 없다고 하시는 것은 너무 심한 말씀이 아닐까요?"

하고 책망하듯 일영의 말도 곱게 나가지 못한다.

"물론 내가 오해를 했겠지요. 그렇지만 인제 와서는 피차에 오해고 무엇이고 길게 말씀할 까닭이 없으니까요……. 나는 들어가 보아야겠읍니다. 부디 안녕히 가십시오."

곁에서 찬바람이 돌듯이 냉랭한 태도를 보이며 머리를 숙여 가벼이 인사를 하고 안으로 들어가려 한다. 그 때 먼 데로 출장을 나간 줄만 알았던 준상이가 대문 안으로 들어선다. 맞은편 현관 어귀에서 두 사람이

마주서서 이야기하는 것을 한참이나 바라보다가 두 사람의 곁으로 가까이 온다. 일영이는 뿌리치듯이 하고 들어가려는 혜경을 가로막아 서며 숨찬 목소리로,

"혜경 씨! 당신은 벌써……."

하고는 달려들었다. 혜경은 한 걸음 물러서며 약빨리 말끝을 채쳐서,

"네, 나는 벌써 옛날의 혜경이가 아닙니다!"

이 때에 준상이는 현관 층층대로 올라서며,

"이야기하시는데 대단히 미안하오이다마는 말씀을 하시려거든 응접실로 들어와서 하시지요."

하고 안으로 들어간다. 혜경이도 거리낌 없이 준상의 뒤를 따라들어간다. 일영은 전신의 피가 끓어오르는 듯,

"벌써 옛날의 혜경이가 아니라니? 그러면 저 준상이 놈이……."

하고 부르르 떨며 몸서리를 치다가 두 주먹을 불끈 쥐고 준상의 뒤를 쫓아들어갔다. 혜경이는 제 침실로 들어가고 준상은 옷을 갈아입는 중이었다. 일영은 문을 활짝 열어붙이고 뛰어들어가,

"이놈아! 이 천하에 때려죽일 놈아!"

하고는 달려들어 준상의 멱살을 추켜잡고 주먹으로 볼때기를 쥐어질렀다. 불시에 맹렬한 습격을 당한 준상이는 정신이 얼떨떨해서 대항은커녕 말 한마디 못하고 얻어맞기만 하였다. 일영의 분한 마음이 머리끝까지 치밀어,

"이놈아! 나는 뭔가 그래도 사람의 껍질을 쓴 줄 알고 혜경 씨를 맡겼었다……. 그랬더니 불과 며칠 동안에 병이 들어 다 죽게 된 사람을……. 이 즘생 같은 놈아!"

표랑의 길

그 이튿날 일영이는 회사에 사직원 한 장을 제출하고 고려흥산회사

와는 발을 끊어 버렸다. 그나마 수입이라고는 한 푼 없게 되고 보니 앞으로 제 한몸의 호구조차 해 갈 도리가 막연하였다. 시골 집에서는 일전에 편지가 왔는데 견디다 못하여 살림을 파헤친 후 아내는 친정으로 보내고 어머니는 일영이가 서울서 딴 계집이나 얻어 갖고 사느라고 그렇지 아무려면 늙은 어미 한몸이야 찾아가면 설마 길바닥으로 내어쫓기야 하랴 하고 어림만 치고 불일간 노자 변통만 되면 올라오겠다고 한 사연이었다.

오 원짜리 사글세 방을 석 달이나 집세를 내지 못하고 하루 이틀 밀어 오다가 오늘은 집주인이 순사까지 끌고 와서 할 수 없이 쫓겨나는 수밖에 없었다. 넓으나넓은 서울바닥에 즐비한 것이 사람이 살려고 지어 놓은 집이건만은 제각기 담을 쌓고 울타리를 둘러막고 넓직한 터전마다 붉은 테를 두른 인형을 사서 말뚝을 박아 세워 오 척에 지나지 못하는 일영이 한 사람을 옴나위를 하지 못하게 하였다. 저녁때가 지나서 일영은 몹시 시장하였으나 쫓겨나올 때 들고 나온 것은 헌 옷 한 벌과 모서리가 떨어져 전당도 잡지 않는 헌 기타 하나밖에는 날로 수척해 가는 알몸뚱이 하나뿐이었다. 전 재산인 헌 옷 한 벌을 마지막으로 전당국에 틀어넣고 나오자 일영의 주린 창자를 끌어잡아당기는 것은 선술집의 구수한 술국 냄새였다.

얼근히 취한 일영은 야시장이 한참 벌어진 종로 큰길로 휘젓고 나왔다. 이놈의 세상에는 처음부터 사랑할 것도 미워할 것도 없고 다만 한 술의 밥이 귀중할 따름이다! 그 밖의 모든 것은 돈 있는 사람의 손장단이요, 색색이 빛깔의 분가루를 만들어 단작스럽게 차닥차닥 바르고 나서 얼굴을 가리고 아웅하기가 아닌가! 정조란 배는 부르고 할 일 없는 계집들이 남자에게 보이기 위하여 차고 다니는 노리개의 별명이요, 연애란 앓는 소리 없는 염병에 지나지 못한다. 그 밖의 모든것은 허무다! 오직 허무라는 유일한 진리가 있을 뿐이다…… . '에에 튀엣 튀튀.' 하고 일영은 길바닥에다가 침을 뱉으며 여름 밤의 후터분한 바람을 마시고 길 한복판을 휩쓸며 중얼거렸다. 늘어논 것은 다 무엇이냐? 우둘거리는 것들은 다 무엇 말라죽은 귀신이냐? 어물전 쓰레기통을 엎어 논 것 같고 사롱 촛불도 꺼져가는 반우의 행렬 같구나. 야시장의 장사치들은 목구멍이 찢어져라고 싸구려를 외치기는 하는데 벌여 논 물건이라고는 말라빠진 북어쾌, 고무신짝, 곰팡 슨 왜떡, 양과자 부스러기, 그 밖에는 소나 말이 먹음직한 김칫거리밖에는 보이는 것이 없다. 한편으로는 여편네들이 들끓어 나온다.

마님, 행랑어멈, 여학생, 매춘부……. 기생 탄 인력거가 이십 전짜리 오리지날 냄새를 풍기며 바람을 가른다. 시간표 한 장만 떼어 주면 살 냄새라도 얼마든지 풍겨 주마는 듯이, 신사들도 한 떼가 몰려간다. 사상가, 주의자, 예술가, 목사님, 신문기자……. 논바닥은 갈라졌어도 일제히 양복때기를 걸치고 으리으리한 양반들이 어슬렁어슬렁 뒤를 이어 나온다. 싸구려장수는 이렇게 외치는 것 같다.

"싸구려 싸구려, 계집이거든 두루마기 자락을 벌리고, 신사거든 삼태기를 들여만 대오. 자아 사람의 새끼가 싸구려. 닥치는 대로 집히는 대로 안 파는 것이라고는 하나도 없구려."

일영의 귀에는 모든 것이 악머구리 끓는 소리 같아서 진정으로 듣기가 싫었다. 고양이에게 쫓긴 생쥐가 수구멍에 머리를 틀어박고 마지막으로 '찍찍' 하고 소리를 지르는 것 같은 비명이 아니고 무엇이랴? 일영은 그 소리가 듣기 싫었다. 그 비명은 가는 곳마다 쫓아다녀 피할 길이 없다. 동대문으로 남대문으로 남대문으로 서대문……. 술이 깨어 얼굴빛은 더욱 해쓱해진 일영이는 지팡이로 길바닥을 뚜드리며 여름날의 온 밤을 헤매었다. 연초 공장의 첫 뚜우가 불어도 헙수룩한 일영의 그림자는 감출 곳이 없었다. 어느 은행 모퉁이 돌층계에 피곤한 몸을 붙이려고 하니 거기에는 일영이보다 먼저 표박이 길을 떠났던 옛 친구의 한 사람이 앞서와 누워서 문둥병자 모양으로 마르다 못해 퉁퉁 부어오

른 다리를 긁적긁적하다가 신음을 하며 돌아눕는다. 새벽 바람은 산산히 길바닥을 핥는다. 일영은 두 어깨를 으쓱 올리고 그 친구의 곁에 누워서 그의 몸에서 온기를 취하려 하였다.

결혼 식장 (1)

그 후 혜경이는 밤마다 마귀와 같이 달려드는 준상이를 갖은 수단을 다하여 간신간신히 모면을 해 오다가 정말 어쩔 수 없는 경우에 마지막 수단으로 첩 노릇은 할 수 없으니 이혼만 하여 주면 그 때에는 모든 것을 바치겠노라 하였다. 그러나 꼭 이혼하기를 바라고 한 말은 아니요 준상이가 몸이 달아서 못할 짓 없이 다 한다 하더라도 크나큰 집의 주부요 금실도 그다지 나쁘지 않은 터에 소생이 남매나 되는 본 아내를 이혼까지는 못하리라 짐작하고 자기의 몸을 더럽히지 않을 방패막이로 일부러 어렵고 시일을 오래 끌어나갈 문제를 제출했던 것이다. 그러나 돈의 위력을 가진 준상에게 있어서는 이혼 문제도 그다지 어려운 문제는 아니었으니 제가 호주이므로 부모의 동의를 얻을 필요는 없고 장인 되는 자는 젊어서부터 미두나 금광으로 쫓아다니며 투기 사업과 허황된 것으로 늙은 건달이었으니 먹을 것은커녕 집 한 간 지니지 못하고 걸색 모양으로 돌아다니며 일상 준상의 재산에 손을 대지 못해 갖은 음모를 다 해 보던 중이라 논섬지기나 떼어 주고 늙은 부랑자를 삶아 이혼 신청에 도장 하나쯤 받아내기는 용이한 일이었다. 준상은 아낌없이 삼백 석 지기 논을 장인에게 떼어 주고 불과 수일 내에 쉽사리 이혼 수속을 한 후에 아내는 다른 집 한 채를 사서 뒤로 돌려놓고 임시로 양식이나 대어 주는 것처럼 꾸며 놓았다. 준상의 아내는 영문도 모르고 따라지목숨*이라 남편이 하라는 대로 순종은 하면서도 의심이 없지는 않

---

* 따라지목숨 남에게 매여 보람 없이 사는 하찮은 목숨.

앉으나 설마 내야 어찌하랴 하고 아들과 딸을 믿고 안심하였다. 어느 날 밤 이혼 수속을 한 민적 등본까지 내어 가지고 들어온 준상이를 혜경이는 무어라고 말막음을 하여 내보낼 도리가 없었다. 그 날 밤 밤새 도록 부대끼고 난 혜경은 참말로 옛날의 혜경이가 아니었다. 기어이 처녀의 자랑까지도 무참히 빼앗기고 말았던 것이다. 병약한 혜경이가 한사코 아끼고 생명과 같이 지켜 오던 한 점의 살까지 짓이겨 놓은 준상이는 제딴에는 마음에 찔리는 구석이 있었던지 첩장가를 드는 셈으로 세간 청지기 김동석이와 꿍꿍이셈을 한 후 부랴부랴 간단히 혼례식을 거행할 준비에 착수하였던 것이다.

—— 결혼식까지 하게 되기 전에 여러가지 층설이 있어 세밀한 묘사를 해야 할 것이나 스틸(삽화 사진)이 부족해서 부득이 경정경정 뛸 수밖에 없이 되었고, 결혼식 장면은 전문 용어만은 쓰지 않고 원 영화 각본을 꾸미는 체로 시험삼아 써 봅니다 ——.(작자)

결혼 식장 (2)

△예배당에서 울려 나오는 종소리.

△예배당 마당에 즐비한 자동차와 인력거, 예배당 안으로 들어가는 남자, 여자, 늙은이, 젊은이 수십 명.

△예복을 입고 바쁘게 들락날락하는 김동석.

○식장 내부

△십자가를 아로새긴 정면 단 위에는 생화와 화환으로 장식되었고 사람은 아직 한 사람도 없다.

△좌우에 긴 걸상 수십 개. 예식에 참례온 사람들은 참석하기 시작한다. 혜경의 아버지 얼굴도 보인다.

△종대에 울리는 종.

…… (준상의 집에서 혜경을 빼앗아 내오려다가 강도 혐의를 쓰고 두

달 동안이나 예심에 부쳐 고생을 한 흥열이는 증거 불충분으로 일전에 감옥에서 나왔으나 예배당에서 울려 나오는 종소릴 일상 반가워하는 화종 소리로 알고)

△어느 길모퉁이에서 종소리에 귀를 기울이다가 그 방향으로 달려오는 흥열.

　○목사가 쓰는 방

△예복을 입은 목사가 성경책을 들고 앉았다가 시계를 꺼내 본다.

△김동석이가 협문으로 들어와서 무엇인지 봉투에 넣은 것을 목사의 주머니에 슬그머니 넣어 준다.

"약소하지만 신랑이 사례로 목사님께 올리는 것입니다."

△목사, 뒷손을 벌리는 듯하며,

"천만에!"

받지 않고 사양한다.

△김동석 나간다.

△목사, 흘금흘금 좌우를 돌아보고 봉투에 든 것을 급히 뜯어 본다 (오백 원짜리 수표).

△그 때에 들창 밖에서 목사가 수형(수표)을 펴 보는 것을 들여다보는 학생이 있다.

(장난꾼이요 딱장대로 유명한 준상의 처남은 제 매부가 또 장가를 간다는 소문을 듣고 학교 동무를 몰아 가지고 식장으로 달려왔던 것이다.)

△준상의 처남은 목사가 수표 펴든 것을 보고 고개를 끄덕끄덕하고 식장으로 들어가서 남의 등 뒤에 가서 얼굴이 보이지 않게 가려앉는다.

△예식에 참례온 사람들은 거의 다 착석하였다.

　○문 밖

△포장을 씌운 인력거 한 채가 달려든다.

△난심이가 갓난 어린애를 안고 초췌한 얼굴을 목도리로 가리고 기운이 하나도 없이 들어와 한귀퉁이에 가서 끼어앉는다.

(일 년 전 준상은 하룻밤 난심의 몸을 돈 오십 원을 던지고 산 일이 있은 후, 난심은 곧 태기가 있어 어린애를 배어 낳았으니 준상은 제 자식이 아니라 하고 모른 체를 하였으므로 살림을 내 주지 않는 분풀이를 하고자 별러 오던 차에 오늘은 좋은 기회를 얻어 무엇인지 결심한 후, 어린애를 안고 식장으로 쫓아왔던 것이다.)

결혼 식장 (3)

○식장에 딸린 다른 방

△눈같이 흰 면사포를 쓰고 꽃다발을 안은 신부와 들러리.

△혜경, 들고 있던 꽃 한 송이를 손톱으로 모가지를 잘라 꺾어 갖고는 화판을 한 잎씩 쭉 쭉 찢어 마룻바닥에 흩어 놓는다.

△흰 꽃 한 송이가 저절로 떨어진다. 혜경은 구두 바닥으로 그 꽃송이를 으깨 버린다.

○식 장

△한 여자가 풍금을 친다.

〈결혼 행진곡〉

△참례한 손들은 긴장한다.

△혜경, 상여를 메고 나가는 상도꾼의 소리를 듣는 듯 창문 턱에 머리를 비빈다.

△들러리에게 부축되어 일어선 신부.

△목사가 단 앞에 나와 선다.

△두 편 문이 마주 열리며 신부와 신랑이 마주 나온다.

△연미복에 실크 해트를 들고 점잖게 걸어나오는 신랑을 보고 놀라는 준상의 처남.

△몸을 반이나 일으키며 신랑을 뚫어질 듯이 주목하는 난심.

○괴상한 그림자! 정면 들창에 나타나 어른거린다.

△신랑, 그 시꺼먼 그림자를 바라다보고 주춤 한 걸음 물러섰다가 아랫배에 힘을 주고 앞으로 걷는다.

○창 밖에 홍열, 들창에 매어달렸다가 뛰어내려 사방을 돌아보고 급해서 어쩔 줄 모른다(홍열은 화종 소리인 줄만 알고 종소리 나는 곳으로 쫓아와 보니 뜻밖에 준상과 혜경의 결혼식이 거행됨을 보고 그대로 있을 수 없었다.).

△홍열, 무엇인지 결심하고 예배당 문 앞으로 도로 뛰어나간다.

　○예배당 문 앞

△신랑이 타고 온 자동차에 뛰어오르며 운전수에게 운전을 명한다.

△운전수, 듣지 않는다.

△홍열, 운전수를 한주먹에 때려눕히고 운전을 하여 어디인지 급히 몰아간다.

△신부, 마주 나와 거진 어깨를 겯고 서게 된 신랑을 흘낏 곁눈으로 본다. 가만가만히 가까워 오는 신랑이 해골의 탈을 쓰고 앙상한 이빨을 벌리고 달려드는 것처럼 보인다.

△놀라서 주춤하는 신부.

△성경을 들고 단 앞 중앙에 위엄 있게 선 목사.

△신랑, 신부, 정한 자리에 선다.

△목사, 기도를 인도한다.

△일동, 머리를 숙인다.

△시들은 백합꽃 같은 신부의 얼굴, 이슬을 머금은 듯 눈물의 흔적이 마르지 않은 채 있다.

반쯤 감은 신부의 눈.

△여러가지로 변한 일영의 환영이 지나가기도 하고 정면으로 달려들

기도 한다.

△비웃는 일영.

△저주하는 일영.

△달 밝은 밤 한강 언덕 모래밭에서 손길을 마주 잡고 거닐 때의 자기와 일영.

△눈 감고 기도를 인도하는 목사의 입.

"거룩하옵신 하나님께서 아담과 이브를 내으심과 같이 이 두 사람이 영원한 배필이 됨으로 말미암아 아버지께 영광을 돌리고……."

△점점 크게 뜨는 신부의 눈.

△시골집 늙은 부모와 동생들이 남의 집 문전에서 거지꼴을 하고 엄동설한에 발발 떨며 구걸하는 꼴.

△칼로 심장을 찔러 자살하는 일영.

△흘낏흘낏 곁눈질을 하여 신부를 흘겨보는 신랑.

△해골의 탈을 쓴 준상이가 달려들어 목을 누르는 듯.

△신부, 놀래어 쓰러지려 한다. 들러리들이 부축을 한다.

△신부, 머리를 숙인다. 여러 가지 환영이 뒤섞여서 일시에 번갯불같이 머리 위로 홱홱 달려간다.

　○준상의 집 문전

△홍열, 자동차에서 뛰어내린다.

△정원에서 뛰어노는 준상의 딸과 서너 살 먹은 아들.

△홍열, 가게에 가서 과자와 과일을 사 갖고 와서 어린애를 꼬여 댄다.

△큰애는 안으로 들여보내고 작은애를 살살 꼬여서 자동차 안에다 싣고 운전수를 잡아 일으켜 운전을 시킨다.

△성화같이 재촉하는 홍열.

△자동차, 움직인다.

△씽씽 지나가는 길거리.

△자동차 앞으로 닥쳐 오는 사람과 전차, 자동차는 아슬아슬하게 피해 간다.

　○예배당

△목사, 신랑을 향하여,

"임준상, 이 신부가 병이 들든지 구차하든지 세상을 떠나는 날까지 보호하고 길이 사랑하겠나뇨?"

△신랑, 고개를 숙이며,

"네, 그리 하오리다."

△목사, 신부를 향하여,

"이혜경, 이 신랑이 병이 들든지 가난하든지 영원히 섬기겠나뇨?"

△신부, 입술을 악물고 대답이 없다.

△일어서서 주먹을 쥐고 무어라고 두덜거리는 준상의 처남.

△눈치를 채고 그 곁에 가 있다가 붙들어 앉히는 김동석.

△잔뜩 흥분이 되어 금새 악이라도 지르려고 벼르는 난심.

△영문도 모르고 또 끌려올라와 어리둥절하고 앉았다가 점점 불안한 눈치가 보이는 혜경의 부친.

○큰길로 최고 속력을 내어 풍우같이 몰아 오는 홍열이가 탄 자동차는 거의 예배당까지 다다랐다.

결혼 식장 (4)

　○식장, 결혼식은 순서를 밟아 정숙히 진행되는 듯하나 식장 안의 공기는 점점 험악해 간다.

△목사, 성례문에 쓰인 대로 예식 순서를 치르어 나가다가 음성깊은 목소리를 반쯤 떨며 참례온 여러 손님들을 향하여,

"……지금 이 두 사람이 혼인함으로써 부부가 되고자 함에 대하여 정

당치 않은 이유가 있는 것을 알거든 누구든지 이 당장에서 말씀하시요. 그렇지 않으면 이 후에는 영원히 말하지 못합니다.”

△목사, 불안스러이 좌우를 둘러본다.

△일동, 잠시 무거운 침묵.

△준상의 처남 벌떡 일어서며,

“정당치 못한 이유가 있소.”

△일동, 고개가 준상의 처남에게로 쏠린다.

△김동석, 쫓아와서 떠들지 말라고 붙들어 앉힌다.

△준상의 처남, 무가내로 말을 듣지 않고 김동석의 손을 뿌리치고 일어서서 신랑을 가리키며,

“저이는 멀쩡한 우리 매부인데 장가를 또 드는 법이 어디 있소.”

△목사, 엄숙한 태도를 지으며,

“신랑은 월전에 이혼했으니까 죄가 되지 않소.”

△준상의 처남, 앞으로 달려들려고 하며,

“아니요. 거짓말이요. 우리 누님은 알지도 못하는데…….”

△처남을 흘겨보는 준상, 김동석에게 눈짓을 한다.

김동석, 준상의 처남을 억지로 꼭두잡이를 시켜 바깥으로 끌고 나간다.

△준상의 처남, 끌려나가며,

“난 다 알아요. 저 매부가 우리 아버지에게 삼백 석지기 논을 떼어 주고……. 저 목사한테(가리키며) 오백 원짜리 돈표를 해 주고…….”

△김동석, 문 밖으로 내어쫓고 들어와서,

“미친 아해입니다. 여러분 조용하십시요.”

△신랑, 목사에게 또 눈짓을 한다.

△목사, 기어들어가는 목소리로,

“여러분 정숙하십시요. 계속해서 예식을 거행하겠습니다.”

△난심, 몹시 흥분하여 일어선다.

△붙들어 앉히려 하나 여자라 손을 대지 못한다.

　○문　밖

△자동차에서 뛰어내려 쫓겨나온 준상의 처남에게서 전후 이야기를 듣는 흥열.

　○식　장

△난심, 악이 받쳐서 깨어진 목소리로,

"여봐요 목사님! 미치지 않은 사람의 말을 믿으시겠소? 이 애는 저 신랑의 자식입니다. 오십 원……. 어린애 하나 값이 단돈 오십 원이야요!"

△곁눈으로 흘겨보며 어쩔 줄 모르는 신랑.

△목사, 꾸짖듯이,

"증거할 수 없는 말이오. 물러가시요! 신성한 예식장을 문란케 하는 무리들은……."

△난심, 어린애를 내밀며 발악하듯,

"여보 신랑, 이 어린애나 데려가고 나서 장갈랑은 몇백 번이든지 들어요!"

△난심, 너무 흥분하여 그 자리에 쓰러지려 한다.

△김동석, 난심이를 옆방으로 끌어들인다.

△신랑, 목사에게 또 눈짓을 한다.

△목사, 맡았던 순 백금반지를 신랑에게 준다.

○신부, 아까부터 제정신을 잃고 몸을 들러리에게 간신히 기대고 섰다.

△신랑, 신부의 무명지에 반지를 끼워 주려 한다.

〈반지와 신부의 손가락〉

△반지를 받는 신부의 손가락은 아무 감각이 없는 것 같다.

○신부와 신랑이 선 맞은편 들창

△막 반지를 끼워 주려 할 때 시커먼 그림자가 예배당 정면 들창에 어른거리다가 별안간 유리창이 활짝 열리며 어린애를 안은 홍열이가 한 손을 들고 벼락같이 고함을 친다.

△홍열의 등 뒤로부터 오후의 햇발이 침침하던 식장 안으로 쏟아지듯 흘러들어온다.

△어쩐 셈인지를 모르고 벌벌 떠는 혜경의 아버지.

△'애구머니' 소리를 내며 펄썩 주저앉는 여편네들.

△홍열, 단 위에서 선뜻 뛰어내려 맹수처럼 신랑을 노려보며 침착히 한 걸음 신랑의 앞으로 다가선다.

△신랑, 얼이 빠져서 등신 모양으로 눈을 멀거니 뜨고 홍열을 마주 바라본다.

△홍열, 신랑의 앞 가까이 가서 어린애를 내려놓는다.

△준상의 아들, 아장아장 걸어서 신랑의 앞으로 와서 들고 있는 실크 해트를 이상스러이 만져 보다가 응석하듯,

"아부지이."

△신랑은 어린애를 내려다보니 틀림없이 제 자식이다. 눈을 피하다가 불을 뿜는 듯한 눈으로 자기를 핍박하는 칼날 같은 홍열의 시선과 마주치자 최면술에 걸렸다가 별안간 놀라 깨나는 듯이,

"어…… 억."

하고 외마디 소리를 지르고는 소매로 얼굴을 가리고 비슬비슬 뒷걸음질을 한다.

△목사, 성단 한모퉁이에 가서 돌아서 무어라고 혼자 중얼중얼하며 기도를 올리다가 형세가 대단 험악함을 보고 슬슬 뒤꽁무니를 뺀다.

△홍열, 달아나는 목사의 궁둥이에다가 손가락 다섯을 펴 대며,

"오백 원!"

하고는 물건을 경매하듯 소리를 지른다.

△목사, 그 소리에 깬 듯 눈을 번쩍 떴다가 다시 정신을 차리지 못하고 허공으로 손을 내젓다가 기절하여 쓰러지려고 한다.

△흥열, 달려들어 왼팔로 신부의 상체를 선뜻 안고 바른손 손가락 셋을 꼽아들면서 이 귀퉁이 저 귀퉁이로 몰려다니는 여러 손들을 향하여,

"벼 삼백 석!"

하고 외친다.

결혼 식장 (5)

○식　장

△신랑은 몸 둘 곳을 모르고 일 초가 급하게 피신을 하려고 식장으로 통한 협문으로 달려가 문을 열어젖힌다.

△그리고 일시 정신을 잃었던 난심이가 눈꼬리가 샐쭉해 가지고 마주 나온다.

△흥열, 한복판에 가 버티고 서서,

"오십 원!"

하고 또 외친다.

△신랑, 주춤 물러서며 목사가 빠져나간 왼편 문으로 달려가서 머리로 문을 받는다.

△거기서는 김동석이에게 꺼들려나갔던 제 처남이 골이 잔뜩 나서 두 주먹을 불끈 쥐고 마주 나오다가 눈을 똥그랗게 뜨고 얼굴을 신랑의 턱밑에 바짝 치받치며,

"형님!"

하고 당장 한바탕 들부딪듯이 달려든다.

△신랑, 그리로도 나가지 못하고 물러선다.

△앞에는 흥열, 왼편에는 처남, 오른편에는 난심.

△홍열, 난심, 처남, 신랑을 중심으로 에워싸고 똑바로 쏘아보며 동시에 바싹바싹 좁혀든다.

△신랑, 독 안에 든 쥐가 되어 나갈 구멍을 찾느라고 쩔쩔맨다.

△그 꼴을 보고 홍열은 하늘을 우러러,

"핫하하하……."

하고 크게 웃어젖힌다.

예배당 안이 떠나갈 듯 그 웃음소리는 반향한다.

△신랑, 마지막 용기를 내어 실크 해트를 집어 내던지고 허겁지겁 뒷문을 박차고 나가다가 발을 헛디디고 돌층대에 거꾸로 나가 자빠진다.

△나가서 준상을 일으켜 주는 사람은 하나도 없다.

△홍열, 아주 정신을 잃은 신부를 들춰안고 바깥으로 나가려 한다.

△벌벌 떨며 앞을 막아서는 신부의 아버지와 격투라도 할 듯이 벼르며 닥쳐드는 김동석.

△홍열, 한 손으로 신부의 아버지를 떠다밀며 발길로 김동석의 불두덩을 내어지른다.

△개구리처럼 발딱 자빠진 신부의 아버지와 그 자리에 폭 고꾸라져서 몸뚱이가 동그랗게 말린 김동석.

△홍열, 엄숙한 표정으로 변한다. 한 사람도 감히 그 앞에 얼씬도 하지 못한다.

△신부를 들춰안고 홍열은 뒷문으로 달려간다.

△나가다가 돌층계에 허리를 걸치고 자빠진 신랑의 골통을 구두부리로 툭툭 건드려 본다.

△예배당 안은 그만 수라장이 되어 모였던 사람들은 물 끓듯 하다가 뒷덜미에서 마귀나 달려드는 듯이 엎드러지며 곱드러지며 좁은 문을 비비고 쏟아져 나온다.

△뒤를 흘낏 돌아다보고 홍열은 몸을 날려 어디로인지 종적을 감추

어 버렸다.

　혜경을 안은 홍열이가 어느 병원 문전에 이르렀을 때는 벌써 어스레한 황혼이었다. 병원 문을 뚜드렸으나 나와 주는 사람이 없다. 홍열은 급한 김에 문을 걷어차고 마당으로 들어섰다. 안에서는 의사와 간호부가 마당을 내다보고 저희끼리 수군수군하다가 한참 만에 간호부가 진찰실 문을 빠끔히 열며 묻기도 전에,

　"지금 의사가 안 계시고 먼 데 왕진을 나가셨기 때문에 환자를 받을
　수 없습니다."

하고는 쑥 들어가 버린다. 신부복을 차리고 다 죽은 것이 아무리 해도 단단한 말썽이 붙은 듯하고, 안고 들어온 자의 행동을 보니까 협수룩하고 험상스러운 품이 치료비 한 푼 낼 것같이 보이지 않기 때문에 의사는 숨어 버리고 따돌린 것이다. 아무리 급한 사정을 말해도 내다보지도 않으니 혜경을 내려놓고 팔이나 잠시 쉬어 볼까 하던 홍열은 그대로 돌아설 수밖에 없었다. 두 사람이 돈은 한 푼도 지녔을 리 없었고 그네들은 죽어 가는 사람의 목숨보다도 원가가 몇십 원도 못 되는 주사 한 대 값이 아까웠다. 홍열은 덮어놓고 인력거 한 대를 불러, 늘어진 혜경을 담아 가지고 어느 큰 병원에 가서 의사를 강제로 꼭두잡이를 시켜다가 겨우 응급 치료를 베풀었으나 혜경은 다시 피어날 것 같지 않았다.

병원 (1)

　어느덧 밤은 깊어서 죽음과 같은 적막이 우중충한 병원을 둘러싸 병실로 통해다니는 기다란 복도로 밤새우는 간호부의 신발 끄는 소리밖에는 이따금 중병 환자의 신음소리가 들릴 뿐 흐릿한 전등 아래에 혜경은 잠이 든 듯 고이 눈을 감은 채 혼수 상태에 빠졌다. 주사로는 잘 들지 않아서 산소 흡입을 한참이나 시킨 뒤에 겨우 잠들기는 했으나 코밑에 약간의 온기가 떠돌 뿐이다. 온종일 맹렬한 활동으로 몹시 피곤도

하련마는 홍열은 혜경이가 누운 침대 곁에 가서 잠시도 떠나지 않고 정성을 다하여 극진히 간호를 해 주고 있다. 침침한 불빛에 다 죽어 늘어진 핏기 없는 혜경의 얼굴을 들여다보매 여러가지 설움이 한꺼번에 북받쳐올라서 금시로 울음이 터질 듯 터질 듯한 것을 그는 몇 번이나 참았던고. 이 세상에 나온 지 근 삼십 년에 혜경은 너무나 그에게 냉정하게 굴었으니 일찍이 어버이를 여의어 따뜻한 부모의 애정을 받아 보지 못하였고 장성하여서는 제 지각이 날 만하자 조선 땅에 태어난 탓으로 여러 차례 감옥 출입에 꽃다운 청춘은 피어 보지도 못하고 시들어 버렸으니 다만 울분과 불평과 세상을 저주하고 비웃는 마음으로 일그러진 생명을 이 날까지 부지하여 왔던 것이다.

홍열의 마음은 메말라서 사막처럼 타박타박 하였던 것이다. 그러나 사막을 걷는 낙타의 등 위에서는 대상들이 멀리 두고 떠나온 애인이 그리워 상사의 곡조를 부는 피리소리가 들리지 않는가. 홍열의 가슴은 빙세계같이 차고 쓸쓸하였다. 그러나 얼음만 깔린 오로라 밑에서도 흰곰들이 짝을 지어 얼음장 위에서 춤을 추지 않는가. 홍열은 사랑을 모르는 불행한 사람이었건만 한 번 혜경을 본 뒤에 그의 가슴에는 비로소 사랑의 '움'이 돋아나기 시작하였으니 뜻하지 않은 경우에 젊은 이성의 육향까지 맡게 되매 깊은 잠을 소스라쳐 깨듯 극히 열렬하여 애욕의 불길은 걷잡을 수 없이 타올랐던 것이다.

그러나 혜경은 이미 이 세상에서는 단지 한 사람밖에 없는 귀한 친구인 일영이가 사랑하는 여자이었으니 친구의 의리를 아는 그는 죽어라고 끓어오르는 자기의 감정을 참아 오기는 하였다.

그러나 그의 신변에 위험이 닥칠 때는 또한 죽기를 한하고 보통 사람으로는 상상도 하지 못할 온갖 모험을 해 왔던 것이다.

사랑을 알지 못하여 불행하던 그가 사랑을 깨닫게 되자 그보다 더 큰 불행이 먼저 그의 앞길을 막고 있지 않은가. 그러나 자기의 앞길에는 어떠한 불행이 닥쳐 오든지 오직 자기의 손으로 끝까지 혜경을 간호하여 주리라 하고 침대 밑으로 떨어뜨린 혜경의 머리카락을 주워 한 가닥 한 가닥 세어 보며 사랑하는 사람이 다시 소생되어 나기만 안타깝고 간절한 마음으로 묵묵한 가운데 끊임없이 기도를 올리고 있다. 하늘이 무심치 않아 홍열의 정성을 알아 주심인가, 영영 감아 버린 줄 알았던 혜경의 눈은 가늘게 떠졌다. 홍열은 놀라듯 기쁨을 참지 못하여,

"아! 혜경 씨!"

하고 가만히 어깨를 흔들었다. 혜경은 흐릿한 눈동자로 멀거니 천장을 쳐다볼 뿐이요, 곁에 사람이 앉은 것도 모르는 모양이다. 홍열은 혜경의 입에 냉수를 흘려넣어 주었다. 병자는 냉수도 아니꼬운 듯이 구역을 하다가 가슴을 쥐어짜듯 하여 담을 한 덩어리나 뱉는다. 홍열은 손을 벌려 담을 받았다. 혜경은 잠꼬대하듯 헛소리를 두어 마디 하다가 다시 눈을 감는다. 쌀쌀한 밤바람은 낙엽을 모아다가 혜경이가 누운 머리맡 들창에 우수수 하고 끼얹는다. 홍열은 제 몸에 걸쳤던 다 떨어진 만또(망토)자락을 벗어 이불 위에 덧덮어 주었다. 한참 있다가 혜경은 또 신음을 하기 시작했다. 조금 의식이 돌아 곁에 있는 사람이 일영이로 보였던지 손을 내젓다가 이불자락을 끌어당기며 입 속으로,

"일영 씨! 일영 씨!"

하고 부르는 소리가 모기소리같이 가냘프게 입술을 새어 나온다.

그 소리를 들은 홍열은 섭섭하지 않을 수 없었다.

병원에서 밤은 깊어서……. 새로 두 시나 돼서 혜경의 신음하는 소리가 더욱 높아 가며 신열이 올라서 숨이 가빠하는 것을 보고 이마를 짚으니 부다듯이 덥다. 거의 일주야 동안을 물 한 모금 얻어마시지 못한 홍열이는 시장기가 지나서 마른 창자가 비꼬이는 듯한데다 밤을 엄습하는 추위와 불안한 마음으로 전신을 발발 떨며 의사나 한 번 더 청해볼 양으로 휘젓한 복도로 뛰어나와 이 방 저 방을 더듬다가 간신히 간

호부들이 숙직하는 방을 찾아 문을 뚜드렸다. 온종일 잔걸음을 치기에 몸이 솜같이 풀려 노그라진 간호부들이 냉큼 일어나 와 줄 것 같지 않다. 홍열은 휭휭 내둘리는 머리를 한 손으로 짚고 당직하는 의사가 자는 방까지 이르러 폭 엎드러지며 다짜고짜 문을 열고,

"사람 살려 주시오!"

하고 황급히 부르짖었다. 당직 의사는 놀라 깨어 벌떡 일어나 앉으며 홍열의 황당한 거동을 책망하고 나서,

"내일 아침 회진 시간에 가 보지요."

하고 자리에 쓰러져 버리는 것을 빌다시피 하여 한참 만에야 병실로 끌어 가지고 왔다. 그 동안에 혜경이는 가슴을 풀어 헤치고는 다시 혼도하여 사람이 들어오는 것도 알지 못하는 모양이다. 의사는 눈을 비비고 맥박을 본 후에 청진기를 가슴에 대고 한참이나 듣고 나서 머리를 흔들다가 주사 한 대를 놓아 주고는 아무 말도 없이 나가 버린다. 홍열은 의사의 뒤를 쫓아나가 소매에 매어달리듯 하며,

"어떻습니까? 네?"

하고 조급히 묻기는 했으나 의사의 입에서 어떤 말이 떨어질는지 그 동안이야말로 삼추와 같이 길었다.

의사는 여전히 입을 다물고 섰다가 홍열이가 하도 조바심을 하고 벌벌 떨고 쫓아다니는 것이 측은해 보였던지 나직한 목소리로,

"처음 진찰할 때도 말씀했지만 폐결핵은 아무리 만기가 되었드래도 한두 달씩 끌어나가는 수가 있지만 불시에 심장까지 병이 생겼으니 편작(중국 전국 시대의 명의)이라도 손을 대 보지 못할 것이오. 주사의 힘으로나 한 이틀 부지할는지."

하고 숙직실로 들어가 버린다. 의사의 들어가는 모양을 멀거니 바라보다가 돌쳐서는 홍열은 앞이 캄캄하였다. 제 몸도 살아 있는 것 같지 않고 저승에서 헤매 돌아다니는 듯,

"잘 해야 이틀밖에 못 산다……. 참말일까? 혜경이가 정말 죽고야 만
단 말인가?"

하고 미친 사람처럼 입속으로 중얼거리며 살아 있다는 것과 죽어 없어
진다는 것을 구별할 수 없는 것 같기도 해서 머릿속은 눈보라를 섞은
회오리바람이 부는 듯하다. 병실로 돌아온 흥열은 혜경의 발치에 가 털
썩 주저앉으며 주사를 맞고 혼곤히 누운 혜경의 손을 잡고 양초로 빚어
낸 듯이 희고 매끈한 손등을 제 뺨에다 비빈다. 이 보드라운 손이 온기
가 걷혀 얼음장같이 얼어 버릴 것인가? 이다지도 수척한 살이 다시 한
번 피어 보지도 못하고 이대로 썩어 한 줌의 흙으로 화해 버릴 것인가?
그것이 정말일까? 참 정말 혜경의 몸이 죽으면 내 손을 고이고,

"이 세상의 모든 것은 오직 허무일 따름이다."

하고 부르짖고 싶다. 뼈아픈 실연이 동기가 되어 사상까지 돌변해 버린
일영이는 마음 쓰라린 지난날의 기억까지도 잊어버리려고 애를 쓸 뿐
이요 혜경의 소식조차 알려고 들지도 않았거니와 의지할 곳 없는 몸이
그림자로만 벗을 삼아 구걸을 하고 돌아다니는 사람에게 뉘라서 그간
에 일어났던 풍파를 전해 줄 것인가? 해가 뜨면 오늘도 어제와 같은 날
이 오고 날이 저물면 내일도 또한 오늘 같으려니 할 뿐, 바람이야 불거
나 물결이야 치거나 도대체 내가 상관할 바 아니라고 낮에는 공원 모퉁
이나 노동자들이 우물거리는 음습한 구석에 쪼그리고 앉아서 올빼미
모양으로 눈을 멀거니 뜨고 졸다가 어둑어둑해지면 기타를 들고 일본
인들이 사는 길거리나 양옥집 근처 호젓한 골목으로 숨어다니며 저녁
밥 뒤에 가족들이 한데 모여 앉아 웃음소리가 새어나오는 들창 밑에서
한 곡조를 뜯어 주고 적선하는 셈으로 어린애들이 던져 주는 몇 닢의
돈을 주워 그날 그날 겨우 연명을 해 왔으니 그에게는 중학 시대부터
우연히 배워 익혔던 기타를 뜯는 재주 하나가 오늘날에는 밥을 비는 다
만 한 가지 밑천이 되었던 것이다.

오늘 밤에도 일영은 밤이 깊었건만 새삼스러이 심사가 산란해서 쌀쌀한 밤바람에 여기저기 흩어져서는 정처없이 길바닥을 구르는 낙엽을 아삭아삭 밟고 우연히도 일영의 발길은 혜경이가 누운 병원 근처까지 이르렀다. 혜경은 주사 기운이 깨어 숨을 길게 몰아쉬고 나서 다시 눈을 감았다. 쥐도 새도 잠이 깊이 든 고요한 밤중이라 군소리하듯 나직이 부르는 노랫소리가 혜경의 귀에는 들렸음인지 몸을 일으켜 보려고 애를 쓰나 아랫도리는 천근같이 무거워 운신을 할수가 없다. 간신히 한 팔을 짚고 일어앉으려 하다가 팔에 힘이 풀려 자리 위에 털썩 떨어지며 정신이 아뜩한 모양이더니 머리맡 들창을 가리키며 손을 내젓고 일영의 이름을 연거푸 부르는 모양이나 곁에 앉은 흥열은 무슨 소리인지 알아들을 수가 없었다. 일영이가 울음섞어 부르는 노래는 실낱같이 가늘어도 혜경의 귀에 익은 〈흑노의 망향곡〉이었다.

애달퍼라!
나그네 마음은 쓸쓸한 폐허를 더듬으며
죽음의 속삭임과 같이도
무덤의 적막을 노래 부르네
오오 들어 다오
그리운 사람이여!
나직한 곡조에 떠도는
울음과 애원의 소리를
그대의 마음과 그대의 귀를 비노니
내가 뜯는
기타에 기울여 다오!
오직 한 분을 위하여 부르는
애끓는 나의 노래를…….

혜경은 눈을 어렴풋이 뜨고 꿈 속같이 무엇을 생각하고 있는 모양이다. 병실 문이 부시시 열리며 일영이가 아련히 나타나 신발 소리도 없이 가까이 걸어들어오더니 말없이 침대곁에 가서 앉는다. 혜경은 상체를 일으켜 두 팔을 벌리고 그를 맞으려 하니 일영은 묵묵히 혜경의 손을 쥐고 말없이 사랑하는 사람의 얼굴을 내려다본다. 혜경은 전신의 신경이 한꺼번에 발발 떨다가 오그라드는 듯 처음 겸 마지막으로 행복이라는 것을 느껴 보는 듯하였다. 혜경은 일영에게 굳게 잡힌 손을 가만히 빼어내며 알뜰한 사람에게 병이나 옮길까 도리어 염려함인지,

"내 몸을 가까이 하지 말어 주세요."
하고 이상스러이도 똑똑히 말을 어울릴 수가 있었다. 일영은 다가앉으며 더 단단히 병자의 손을 잡고 한 손으로 흐트러진 머리카락을 쓰다듬어 주며,

"혜경 씨! 당신은 정말 가시렵니까?"
하고 무거이 입도 열었으나 두 눈에는 참을 수 없는 눈물이 글썽글썽하게 고였다.

"저를 용서해 주시겠어요? 네? 일영 씨! 저는 당신을 오해했었습니다."
하고는 일분 일초 동안이라도 더 보고 싶은 듯이 일영의 얼굴을 쳐다보며 애원하였다.

"나를 먼저 용서해 주십시오. 끝까지 당신을 사랑하고 보호해 드리지 못한 내 허물을……"
혜경은 어린애처럼,

"저어 세상도 이 세상처럼 괴로우면 어떡해요?"
하고 무슨 성자나 대한 듯이 묻는다.

"죽음의 나라는 즐거움도 괴로움도 없겠지요. 길이길이 편안히 잠이 들 뿐이니까……"

"그럼 저 혼자 편안한 나라로 먼저 가는 것이 미안하지 않어요? 일영
씨를 이 더럽고 괴로운 세상에 남겨 놓고⋯⋯."
"거기에는 우리와 같이 가난한 사람과 당신과 같이 죄없이 짓밟힌 사
람들도 들어갈 수 있습니다. 우리보다 먼저 떠나간 사람들은 거기서
나 자유로이 동지를 맞아 주겠지요⋯⋯. 나도 얼마 아니해서 당신의
뒤를 따라갈 것입니다."
혜경은 일영의 옷소매를 놓치지 않으려는 듯이 잡아당기며,
"난, 잠깐이라도 더 살고 싶어요. 당신이 떠나실 때까지 이 세상에서
좀더 같이 고생을 하고 싶어요!"
하고 메어달린다. 일영은 여전히 정숙하게,
"당신은 너무나 일찍 많은 고통을 받었으니까 그 값으로 먼저 편안한
나라로 가서 몸을 쉬게 되는 것입니다. 이왕 떠나실 길이어든 부디
기쁜 마음으로 고이고이 잠이 들어 주시요!"
하고 죽음의 신비스러움을 설법이나 하는 듯이 은밀한 가운데에도 일
영의 태도는 사랑하는 사람의 안타까운 임종을 바라보는 사람이라고는
할 수 없을 만큼 침착하고 점잖았다.

병원 (2)

새벽녘에 체온을 보려고 들어온 간호부가 병실 문을 쿵 닫는 소리에
놀라서 눈을 뜨니 일영은 간 곳이 없고 일영이가 앉았던 자리에는 흥열
이가 턱을 고이고 앉아서 피곤한 눈으로 들여다보고 있다. 혜경은 일영
을 만나 보고 마지막 이야기를 주고 받은 것이 너무나 똑똑해서 꿈인지
생시인지 구별을 할 수가 없었다. 곁에 흥열이가 앉아 있는 것을 한참
동안이나 멀거니 바라보다가 아무래도 꿈이라는 듯이 다시 눈을 감고
스러진 꿈의 자취를 찾으려 하는 모양이다. 우연한 기회에 만나 이생에
서는 잊을 길 없는 한을 품은 두 사람은 또한 우연한 기회에 몸은 지척

에 있으면서도 서로 알지 못하고 영혼만이 허공에서 서로 찾다가 꿈으로 다리를 걸치고 잠시나마 영결의 말을 바꾸었던 것이다.

그러나 깨고 나면 하염없는 눈물만이 베개를 적시는 한 조각 환영에 지나지 못하건만 혜경은 죽음이 가까워 올수록 더욱 그립고 아쉬운 마음에 그 꿈을 생시로만 여겼다. 검온을 하고 나서 맥박을 짚어 보던 간호부는 황급히 종종걸음을 쳐서 환자가 절맥되어 간다는 것을 의사에게 보고하였다. 간호부의 거동이 심상치 않은 눈치를 본 홍열은 혜경의 손을 잡고 맥을 짚어 보았다. 맥은 실낱같이 가늘게 뛰다가 한 번씩 쉬고는 태엽이 다 풀린 시계처럼 조금 가다가는 그치고 그쳤다가는 간신히 이어지고 한다. 손끝은 벌써 싸늘하게 식어 올라간다. 다리에 손을 짚어 보니 거기는 온기가 그친지 오래인 모양이다. 홍열은 혜경의 가슴에 귀를 대고 들었다. 아득히 먼 곳에서 울려오는 깨어진 종소리를 듯는 듯 심장의 고동조차 그치려 한다. 홍열은 그 희미한 소리나마 놓치지 않으려는 듯 서로 젖가슴을 파헤치고 비비며 의사가 들어와 청진기를 대고 들으려 하여도 홍열은 떨어지려고 하지 않는다.

의사는 가만히 혀를 차며,

"진작 수혈 요법이나 써 봤드면 어땠을는지."

하고 간호부를 돌아보고 수근거린다.

귓결에 이 소리를 들은 홍열은 벌떡 일어나 선뜻 팔을 걷어붙이고 의사의 턱밑에 받치이듯 하며 황급히,

"이 팔의 피를 뽑아 넣어 주세요! 이 팔의 피를!"

하고는 달려들어 성화같이 재촉한다. 의사는 머리를 흔들며,

"벌써 늦었소이다. 캄풀(캠퍼 주사)이나 한 대 놓아 드리지요."

하고 캄풀 주사를 한 대 놓아 주었다. 조금 있다가 혜경은 잠시 정신이 반짝 도는 모양이더니 속눈썹 사이로 정기 없는 눈동자를 굴려 물끄러미 홍열을 보더니 간신히 혀끝을 돌려,

"고맙습니다."

하고 입을 다물어 버린다. 아아 오늘까지의 흥열의 모든 노력과 그에게 향한 극진한 정성이 이 '고맙습니다.' 란 말 한 마디로 갚아졌을 것인가? 흥열은 의사의 앞으로 달려들어 주사기를 든 팔을 잡아당기며,

"한 대만 더, 한 대만 더."

하고 울음섞어 애원한다.

의사는 슬그머니 흥열의 팔을 뿌리치며,

"가는 사람은 억지로 붙잡지 못합니다. 잠시라도 더 고통을 줄 뿐이 지요."

하고 혜경의 맥을 짚어 본다.

흥열은 그의 입에서 정다운 말 한 마디라도 더 듣고 싶은 듯이,

"잠깐이라도 더 살려 주고 싶어요! 잠깐이라도……."

하고는 침상 모서리에다 머리를 부딪고 흐느껴 운다.

맥을 짚고 섰던 의사는 가만히 손을 떼며,

"돌아가셨습니다!"

하고 간호부와 잠시 머리를 숙였다가 뒤도 안 돌아다보고 나가 버린다.

……양미간에는 풀어 보지 못한 원한의 자취를 감추지 못하였으나 입모습에는 그런 듯 미소를 띠우고 혜경은 꿈에 만난 일영의 축원과 같이 마음이 드는 듯 고이고이 눈을 감았다. 더럽고 괴롭고 백주에 이매망량이 날뛰는 사파에서 더럽히고 짓밟힌 육체를 내버리고 깨끗하고 아름다운 처녀의 영혼은 영원히 근심 없고 편안한 나라로 떠나가고 말았다. 흥열은 혜경의 죽음이 도무지 믿어지지 않았다.

"저 얼굴을 보라! 죽은 사람의 얼굴에 저렇게 화색이 돌 리 없다. 저 입을 보라, 나를 반기듯 웃음을 띠고 있지 않으냐?"

미친 듯 중얼거리며 그래도 한편으로는 또 미더워서 간 사람의 어깨를 흔들며 이름을 부르니 한 번 떠나간 혜경이가 어디서 대답을 할 것

인가!

"아, 밤이 언제나 밝으려나! 이 긴긴 밤이 언제나 밝으려나!"

하고 울며 부르짖다가 별안간,

"누구냐?"

하고 소리를 벽력같이 지르고 복도로 뛰어나가며,

"누구냐? 혜경이를 죽인 놈이 누구냐?"

목청이 찢어져라 하고 이빨을 갈며 고함을 친다.

이윽고 먼동이 트고 날이 새어 온밤에 감추었던 비밀이 드러날 때 무심한 햇발은 아직도 미소를 띠운 채 눈을 감은 혜경의 시체와 그 곁에 동녘 하늘을 향하여 머리를 두고 쓰러진 흥열을 한결같이 비추었다.

병원 안의 아침밥 때를 알리는 종소리가 울려 올 때 혜경의 시체는 시체실로 옮겨갔다.

그 이튿날.

살아서도 몸을 의지할 곳이 없던 혜경은, 죽은 시체조차 편안치가 못하였다. 치료비도 한 푼 받지 못한 이름도 없는 송장이라 병원에서는 일 분을 지체말고 바삐 내어가라고 독촉이 자심하였던 것이다.

인왕산 등성이로 뉘엿뉘엿 넘는 해도 하루 날의 마지막을 고할 때 혜경의 관을 실은 조그마한 수레는 병원 언덕을 굴러 큰길로 나왔다.

병원을 떠날 때에는 하룻밤 혜경을 간호해 주던 일녀(일본 여성) 간호부가 병원 문전까지 걸어나와 한 방울 동정의 눈물을 흘려 주었을 뿐이요, 화환 하나 관 위에 얹어 줄 사람이 없었다. 흥열이가 단거리(단벌)로 입던 헌 만또를 구의(관 위에 덮는 베) 삼아 얇은 관 위에 덮어 주고 부르르 떨며 수레 뒤를 밀고 따라갈 뿐이었다. 길거리에는 한 사람도 혜경의 마지막 길을 전별은커녕 거들떠보는 사람도 없고 제각기 멸망당한 도회지를 헤매는 개떼와 같이 한술의 밥을 줍느라고 눈이 벌개서 헐떡거리고 돌아다닐 뿐이니 어느 구석에서 사람 한 마리가 또 뒈졌고나 하고 고개를 돌리고 지나갈 뿐이다. 문밖 공동 묘지로 나가려면 준상의 별장 근처를 돌아나가는 길밖에 없었다.

준상의 별장! 거긴 오 리나 자동찻길을 닦아 논 신작로!

뼈를 창칼로 긁어내는 듯한 기억이 어제와 같이 새로운 이 길을 혜경의 죽은 시체가 지나가게 되니 야릇하고 심술궂은 운명은 언제까지나 사람을 희롱하려는고? 잎사귀는 다 떨어지고 줄거리만 앙상하게 남은 길거리에 포플러 사이로 관을 실은 수레는 묘지를 향하여 떨떨떨떨 굴러간다. 온종일 찌푸렸던 날도 주름살을 펴지 못한 채 저무니 근처 마을에는 벌써 황혼이 둘러싸였고 모르는 결에 오는 눈이 한 송이 두 송이 혜경의 관 위로 내려앉는다.

관을 실은 수레가 마악 길모퉁이로 돌아가려 할 즈음에 큰 괴물과 같이 시커먼 것이 앞을 가로막으며 길을 비키라고 근처 산이 움직이도록 으르렁거린다. 혜경이가 타 본 일이 있던 준상의 자동차다. 자동차 한 대만 겨우 지나다니게 닦아 논 길이니 어디로 비켜서란 말인가? 흥열은 수레 뒤채를 잡고 없는 힘을 다 들여서 수레를 추슬러 길모퉁이로 비켜 놓려 할 즈음에 관머리가 벌떡 일어섰다가 덜커덕 하고 떨어져 하마터면 언덕 비탈로 내려구를 뻔하였다.

내가 닦아 논 길에 걸치적거리는 것이 무엇이냐고 자동차 안에서 커를 걷고 밖을 내다보는 준상의 얼굴은 야회에 참례할 시간이 늦어지는 것이 걱정이었다. 자동차는 먼지를 끼었고 가솔린 냄새를 풍기며 전등불이 얕은 하늘에 별 깔리듯한 시내로 뿡뿡거리며 속력을 주어 달린다. 혜경의 관을 실은 수레는 차디찬 무덤을 찾아 어둠 속으로 아득히 멀리 굴러들어간다. 먹을 것을 찾는 여우 소리 산골에 스며드는 공동 묘지의 밤. 등불 몇 개만 고총들 사이에 유령과 같이 깜빡이는데 뗏장도 덮지 못한 조그만 봉분 앞에는 삽을 들어 묘표를 박는 시커먼 그림자가 있었고 그 후 일영은 서울 안에서 그 그림자도 찾을 수 없었다.

황공의 최후

　될성부른 나무는 떡잎부터 안다더니 '사지'는 강아지 적부터 생김생김이 걸출이었다. 두 눈이 유난히도 열쌔고 목덜미를 쥐면 가죽이 한줌이나 늘어나서 얼마든지 자랄 여유가 있어 보였다. 게다가 털은 금빛같이 싯누런 수놈이라 누가 보든지 한번 쓰다듬어 주고 싶도록 탐스러웠다. 이웃동네 태생인데 겨우 젖이 떨어진 것이 내 외투 주머니에 딸려온 뒤로는 내가 자는 방 웃목에 희연 궤짝을 들여놓고 짚 위에 목화송이를 깔고 토닥토닥 등을 두드려 재웠다.

　강아지는 자다가 말고 앙금앙금 내 이불 속으로 기어들었다. 내가 폭 안고 머리를 쓰다듬어 주면 어미의 품인 줄 아는지 조이삭같이 조그만 꼬리를 살래살래 흔들다가 어떤 때는 토끼처럼 콜콜 하고 코를 다 골며 잤다.

　새벽녘이 되어 머리맡에서 바스락거리는 소리에 눈을 떠 보면, 강아지는 미닫이 틈에 가 매어달려 앞발로 창호지를 긁으며 꺾꺾댄다. 나는 처음에는 그 뜻을 몰랐다. 그래서 문을 열어 주었더니 간신히 문지방을 넘어 밭으로 내려가 똥을 누고 들어오는 것이었다. 나는 강아지의 발을 닦아 주고 다시 이불 속에서 몸을 녹여 주었다. 그러다가 내가 늦잠이 들면 가슴과 겨드랑이와 얼굴을 싹싹 핥아 간지러워 견딜 수가 없어 목덜미를 집어던졌다. 던지면 또 기어들고 기어들면 또 싹싹 핥는다. 어린애 재롱부리듯 하는 그 꼴이 하도 귀여워서 나는 강아지를 끌어안고 입을 맞추었다. 그러는 동안에 나는 늦잠 자는 버릇이 떨어졌고 '개는 하등의 동물이거니.' 하는 관념이 없어졌다. 나는 강아지를 어린 식구의 한 사람으로 간주하였다.

　강아지는 크는 것이 눈에 보이는 듯이 무럭무럭 자랐다. 두어 달쯤 되니까 허리가 늘씬해지고 두 귀가 뻐쭈하게* 일어서고 키가 자 가웃*이나 되었다. 어머니에게 '개하고 헝겊붙이나 되나 봐.' 하는 꾸중까지 들어가면서 내 밥의 대궁*을 주고 솥의 콩누룽지를 어린애도 아니 주고 박박 긁어서는 개(사지)를 주었다. 한참 자랄 고비라 강아지는 먹는 대로 우적우적 자랐다. 그래서 한 방에 데리고 자기는 징그러워 마루 밑에 가마니를 깔아 딴살림을 내고 구유를 파서 밥그릇 장만까지 해 주었다. 내가 뒷간에 가면 반드시 쫓아와서 턱을 쳐들고 앉아 주인을 지키고 밤길을 걸으면 어느결에 보고 뛰어와서는 반 간통쯤 앞을 서서 다리 하나를 들고 연방 오줌을 깔기며 덜렁덜렁 길을 인도한다. 지척을 분간할 수 없는 호젓한 밤길을 걷는데도 개가 사람보다도 든든하였다. 여우와 늑대의 출몰이 심한 산중에서는 무장한 보호 병정보다도 마음이 놓였다.
　그럭저럭 우리 집에 와서 길리운 지 거진 일 년이나 되었다. 동시에 강아지(사지)는 재롱과 장난이 비상하였다. 데리고 다니다가 손수건이

---

* 뻐쭈하다　불쑥 내밀어 있다.
* 가웃　되·말·자 따위로 되거나 잴 때, 그 단위의 절반 가량에 해당하는, 남는 분량을 이르는 말.
* 대궁　먹다가 그릇에 남은 밥.

나 담뱃갑을 몰래 떨어뜨리고 오면 어느 틈에 입에다 물고 오고 앞발을 들고 따루따루하며 걸을 줄도 알았다. 후각이 어찌나 예민한지 내가 이웃집으로 마을을 가면 댓돌 위에 십여 컬레나 나란히 벗어 놓은 고무신 가운데서 내 신을 맡아서 알고는 살그머니 물어다가 우리 집 신돌에다 놓고는 시치미를 떼고 앉아서 내가 맨발로 오는 것을 보고는 재미가 있는 듯이 깡충깡충 뛰기를 한두 번이 아니었다.

숙성한 강아지(사지)는 벌써 암캐의 꽁무니를 따라다니게 되었다. 봄철이 되니까 암내를 맡고 오입을 하러 나가서 이틀 사흘씩 들어와 자지를 않는 때도 있었다. 과년한 총각 모양으로 목이 패어서 베이스로 컹컹 짖는 소리는 아주 남성적으로 웅장하였다. 한 동네의 개들에게는 물론 제왕 노릇을 하거니와 한번 크게 짖으며 내달으면 동냥아치나 중들은 우리 집 문 앞에 얼씬도 못하였다. 밤중에 안에서 짖으면 사랑채의 벽이 울리고 장지가 떨렸다. 도둑놈을 지키는 천직에 충실한 것은 물론이요, 집안 식구의 밤출입까지 감시를 하였다. 마루 밑에서 쏘아보는 파란 불빛 같은 눈동자는 주인이 보기에도 무서울 지경이었다.

그러자 내가 두어 달 동안 서울 가 있다가 내려와 보니 어느 겨를에 보았는지 동구 밖으로 말처럼 네 굽을 몰고 달려나와서 길길이 뛰어오르며 두레를 노는 머슴애 벙거지의 긴 상모를 내두르듯 꼬리를 흔들며 어쩔 줄을 모르고 반기는 '사지'는 그 동안에 더 엄청나게 컸다.

"어이 그 가이 대단허군! 호랭이만허이그려."
하고 누구나 처음 보는 사람은 혀를 빼물었다. 호랑이 같은 게 아니라 얼굴바탕이 넓고 두상이 둥글고 이는 써렛발 같은 게 성미만 나면 싯누런 앞털이 뻬쭈하게 일어서는 것과 동체가 뭉뚝하게 굵은 대신에 아랫도리가 훌쭉하게 빠른 것이 여불없는 사자였다. 양지 쪽에서 낮잠을 자다가 기지개를 켜고 땅을 뒹구는 것을 보면 천연 동물원의 암사자였다. 그래서 나는 그 때부터 '누렁아' 하고 부르던 아명을 버리고 '사지'라는

관명을 지어 불러 주었던 것이다.

그러나 사지는 나쁜 버릇이 생겼다. 걸때가 커서 여간 누룽지로는 양이 차지를 않는지 쌀광 앞에 쭈그리고 앉았다가 참새도 잡아먹고 수구멍을 지키고 있다가 쥐도 움켜먹었다. 무엇이든지 번개같이 달려들어 입만 한번 텁석하면 그만이다. 그 동작은 꿩을 잡는 매의 동작만큼이나 빨랐다. 돈 있는 놈의 사냥개 노릇을 하거나 외국에 태어나서 몇만 원짜리 정탐개나 되었더면 맛있는 고기만 먹고 털옷을 입고서 사람 이상으로 호강을 할 것을 '너는 팔자가 사나워서 조선에서도 시골 구석에 태어나서 누룽지 한 구유도 배불리 얻어먹지 못하는구나.' 하고 나는 한편으로 사지를 동정하였다. 그랬더니 육식에 입맛이 붙어서 고기를 먹고 싶어 죽을 지경이던지 하루는 내가 바람을 쐬이러 등너머 바닷가로 나가는데 사지는 줄곧 따라다니다가 돌아오는 길에 범룡이네 집 마당에서 닭이 서너 마리나 모이를 쪼아먹는 것을 보고 꼬리를 사타구니에다 끼고 넓죽 엎드리더니 별안간 껑충 뛰어올라 닭을 물려고 달려들었다. 닭은 깩 깩 깩 하고 비명을 지르면서 사방으로 풍겼다. 암탉은 죽을 힘을 다하여 지붕으로 날아올라갔다.

'닭 쫓던 개 지붕만 쳐다본다.' 고 설마 물리기야 하랴 하고 장난으로만 알고는 나는 멀 —— 리서 구경만 하고 섰으려니까 사지는 전신의 용기를 다해서 검정 수탉을 날치를 하듯이 텀썩 물었다. 몸이 둔한 수탉은 땅 위에 너덧 자쯤밖에 솟지를 못하고 푸드득거리며 날다가 날갯죽지를 물리고 말았다. 암탉들은 뜻하지 않은 환난을 당하고 지붕 위에서 꼬댁거리는데 사지에 물린 수탉은 차마 들을 수 없는 외마디 소리를 질렀다. 그러자 범룡이네 집에서와 길 가는 사람들은 밤중에 닭장에 든 족제비나 튀기듯이,

"유 —— 개, 유 —— 개!"

하고 사지를 쫓았다. 사지는 눈 꿈쩍하는 사이에 산으로 치달았다. 아

마 포수에 놀란 노루*도 그만큼 빨리 뛰지는 못할 것이다.

나는 개 주인이 되는 책임상 단장을 휘두르며 헐레벌떡거리고 산으로 올라갔다. 닭털이 버들개지처럼 날으는 것만 보이더니 거의 한 간통씩이나 뛰어간 개는 인홀불견*이었다. 나는 하는 수 없이 개의 발자국과 털이 떨어진 것만 밟고 숲 속으로 산모퉁이로 정신없이 따라갔다. 나뭇등걸과 돌부리에 발끝을 채이면서 거진 오 리 가량이나 숨이 턱에 닿아서 추격은 했는데 바다로 향한 모래언덕까지 와서는 발자국조차 끊어졌다. 황혼 때라 어둑어둑해지는 그 근처를 헤매며 더듬어 보았으나 개도 닭도 그림자조차 없는 거야 어찌하랴!

"이게 뭐야요?"

나중에 내 뒤를 따라온 범룡이가 소리를 질렀다. 무서운 생각이 나는 참이라 깜짝 놀라 들여다보니 아닌게아니라 솔포기 밑에 와서 닭은 꼬리만 뻐쭈하게 꽂혔다.

"벌써 잡아먹었나?"

하고 어째 손을 대기가 싫은 것을 닭의 꼬리를 끌어당기니까 묵직한 닭의 시체가 딸려 올라왔다. 닭은 정통으로 그 날카로운 이빨에 목줄띠*를 물려 철철 흘린 피가 응혈이 되었는데 눈을 뽀얗게 뒤집어쓰고 죽었다.

"저놈의 개가 여우의 혼신이 씌웠나? 이렇게 감쪽같이 파묻었담."

여우는 닭이고 무어고 물어다간 똑 저렇게 파묻었다가 며칠 뒤에 반이나 썩혀 가지고 밤에 와서 먹는다는 말을 범룡이게서 들었다. 그러자 맞은편 언덕에 웅숭그리고 앉아서 나를 노려보는 사지의 파란 눈과 시선이 마주쳤다. 나는 가슴이 선뜻하였다. 사지가 여우와 늑대보다도 정말 사자로 보였다.

---

* 노루 사슴과 비슷하게 생긴 포유 동물. 뿔은 수컷에게만 있음.
* 인홀불견(因忽不見) 언뜻 보였다가 금방 사라져 보이지 않음.
* 목줄띠 목구멍에 있는 힘줄.

노루

"유 —— 놈의 개!"

하고 소리를 지르며 돌을 던졌다. 밉살스럽기도 하고 무섭기도 해서 단장을 휘두르며 쫓았다. 사지는 일껏 죽을 힘을 다 들여서 물어 온 먹이를 주린 김에 실컷 뜯어먹으려다가 그만 주인에게 빼앗기고 불평이 가득 찬 듯이 나를 흘끔흘끔 돌아다보며 자취를 감추었다. 아마 다른 사람이 빼앗았으면 달려들었을 것이다. 집에 돌아와 보니 사지는 먼저 와서는 나를 보고 죽을 죄나 지은 듯이 흘끔흘끔 눈치만 보고 꼬리를 사리고 피해 다니는 것을 버릇을 가르쳐 줄 양으로 중문간에다 몰아넣고,

"이놈 또 그따윗짓을 헐 테냐? 응, 또 닭을 물 테냐?"

하고 말 안 듣는 자식이나 치듯 사설을 해 가면서 단장으로 뚜들겨 주었다. 사지는 너무나 귀여워해 주던 주인의 과도한 폭행에 놀라서 '껑껑' 소리를 한참 지르며 죽을 시늉을 하고 엄살을 하면서도 달려들지 않는 것이 가엾기도 하여서 매를 던졌다.

그 날 저녁에 나는 닭고기 볶은 것을 맛있게 먹었다. 개 이빨에서 묻은 독이나 퍼지지 않았나 하고 꺼림칙하기도 했지만 여러 달 동안 고기를 구경도 못하여서 아주 허수증이 났던 김이요, 나는 닭고기를 편기*하는 터이라, 나는 기름진 살을 무른 뼈까지 으직으직 깨물어 고소한 국물까지 빨아먹었다. 먹다가 마당에서 텁석 하는 소리가 들리기에 내어다보니 배가 훌쭉하게 꺼진 사지가 구유에다 틀어박고 멀겋게 탄 숭늉 찌꺼기를 핥아먹고 섰다.

나는 사지가 불쌍해 보였다. 천신만고해서 호젓하게 먹으려고 물어다 감춘 닭을 주인에게 송두리째 빼앗기고는 고기 냄새만 맡아서 회가 동했을* 텐데 주인에게 난생 처음 매까지 얻어맞고는 숭늉 찌꺼기나마

* 편기(偏嗜) 치우치게 즐김.
* 회가 동(動)하다 '회충이 꿈틀거린다.' 라는 뜻으로, 구미가 당기거나 욕심이 나다.

주린 창자를 채울 수밖에 없게 된 사지의 신세가 눈물겹도록 가엾어 보였다. 사지가 말을 할 줄 안다면 동네방네로 친구를 찾아다니며 제가 먹을 것을 강탈해 가지고 횡령 취식을 하고 그래도 유위부족해서(오히려 모자라서) 저를 몽둥이 찜질까지 한 주인의 횡포가 얼마나 분하고 얼마나 원망스러웠다는 저의 억울한 사정을 하소연하였을까?

근처의 개들이 수십 마리나 일치단결해 가지고 이빨을 갈며 으르렁거리고 달려들면 나는 어찌할까? 나를 녹아웃을 시켜 가지고 물어뜯으면 과연 저항할 힘이 있을까? 정당한 보복에 대하여 과연 변명할 말이 있을까? 하고 생각하니 사지를 보기가 부끄럽기도 하고 한편으로 무섭기도 하였다.

사지가 고기를 먹고 싶었던 것과, 내가 육식을 하고 싶었던 것은 그 동기에 있어서 같다. 저보다 약한 것을 잡아먹어 저의 식욕을 채우는 것을 사람들이 떳떳하고 정당하게 여기는 것과 같이, 남의 살을 뜯고 피를 빨지 못하는 사람을 도리어 못난 놈, 빙충맞은 놈으로 여기는 것과 같이 개의 경우에 있어서도 잘못된 행동이 아닌 것이 분명하다. 눈앞의 먹을 것을 보고 달려들어 문 것은 사지가 다른 제 동족보다 용감하였기 때문이다. 사지에게 무슨 죄가 있느냐? 도리어 개 자신으로 보아서는 정당하다! 사지에게는 오직 날으는 닭이라도 힘과 날램이 있었던 것만이 구태여 잘못이라면 잘못일까? 그러나 사지가 출중하게 날랜 것은 결코 저 자신의 의사로 된 것은 아니다. 그것도 조물주의 장난인 것은 분명하다.

그런데 나는 저보다 약한 개가 물어다 먹으려던 닭을 뺏어 먹었다. 사지를 토죄를 해 가며 때려 주기까지 하고 그리고 개의 침이 묻은 닭을 뜯어먹고는 입을 씻었다. 그나마 숭늉 찌꺼기로 주린 창자를 채우고 섰는 사지를 보고 동정 비슷한 미안하다는 생각이 난 것도 그 닭을 맛있게 먹고 난 뒤다.

남을 동정하는 것도 제 배가 부른 뒤에 일어나는 미지근한 심리 작용이요, 양심의 가책을 받는다는 것도 제 욕망을 채운 뒤에 생기는 얄미운 자기 변호에 지나지 못한다. 뒤를 보러 갈 때의 생각과 변소에 다녀 나올 때의 생각이 단연히 다르다는 속담이 진리요 솔직한 인생 철학이 아닐까? 하였다.

사지가 제 육체의 힘을 다해서 닭을 문 것은 본능이 시키는 용감한 행동이다. 그러나 그 뒤를 쫓아가서 물어 놓은 것을 파헤쳐다가 힘 안 들이고 먹은 나의 행동은 개가 부끄러울 만큼 가증하고 비겁하지 않았던가?

"이거나 먹어라."

하고 나는 닭의 뼈다귀를 던져 주었다.

사지는 맡아 볼 생각도 아니하고 본 체도 아니하고 고개를 돌렸다. '나는 너처럼 비겁한 놈은 아니다.' 하는 듯이 속으로 나를 비웃는 것 같았다. 동시 나는 생물 중에 가장 존귀한 사람으로서 미천한 동물에게 모욕을 당한 것 같았다.

그 뒤로 사지는 그렇게 귀여워하던 주인을 보기만 하면 슬슬 눈치만 보고 가까이 오지를 않았다. 나를 요시찰인(감시자)으로 인정했는지 단단히 경계를 하였다. 눈에만 띄우면 비슬비슬 피해 달아나서,

"사지야, 네가 먹을 것을 뺏어 먹어서 퍽 미안하다."

하고 사과를 할 기회를 내게 주지 않았다. 그러자 며칠 뒤에 사지는 집에서 기르는 닭을 물었다. 둥우리에서 알을 낳고 '꼬꼬댁' 거리고 내려오는 암탉을 물었다. 닭의 알을 꺼내려고 나왔던 내 눈앞에서 여봐란듯이 물고 산으로 치달았다. 물려가는 암탉의 비명은 차마 들을 수가 없었다. 하얀 털이 마당 가득히 눈송이처럼 휘날렸다. 우리 집에서 가장 아끼고 값도 비싼 레그혼인데 아이 잘 낳는 여편네 모양으로 앙바틈하게 생겨서 오리알만큼이나 큰 알을 하루도 거르지 않고 낳던, 근처에서 누구나 탐을 내던 암탉이었다.

그러나 나는 어안이 벙벙해서 마루 끝에 서서 사지를 추격하려 하지

도 않았다. 닭을 뺏어 올 염치가 없었다. 먼저 먹은 후답일 뿐이었다. 집의 머슴이 그제야 보고 소리를 지르며 작대기를 들고 가는 것을,

"내버려 둬라! 내버려 둬!"

하고 호령하듯 하여 말렸다. 다 같은 동물로서 피차에 제 힘으로 어찌할 수 없는 가장 위대한 본능을 강제로 막을 권리가 내게는 없었다. 남의 생존을 짓밟고 방해할 아무 이유도 찾지 못하였다. 또는 남의 노력을 중간에서 착취하는 죄를 두 번도 짓지 말자고 생각하였던 것이다.

그 뒤로 고기에 입맛이 붙은 사지는 점점 맹수성을 띠우고 동네 집 돼지새끼를 두 마리나 잡아먹었다. 난 지 얼마 되지 않아서 토시짝만한 게 젖도 아니 떨어져서 살이 포동포동 찐 것이 우리 밖으로 나와서 어릿어릿하는 것을 물어다가 전과 같은 수단으로 흙 속에 허비고 파묻었다가 꺼내 먹은 모양이다. 삼 원을 준대도 아니 팔고 해산 때에는 소반에 정화수까지 떠다 놓고 순산하기를 축수하던 돼지새끼였다.

나는 돼지새끼 값을 물어 줄 수밖에 없었다. 그 뒤로 사지는 집에는 잘 들어오지도 않고 밥도 먹지를 않았다. 누룽지 찌꺼기는 인제 입이 높아서 먹을 수가 없었던 모양이다.

이번에는 나의 동정이 아무 죄도 없이 비명에 죽은 닭과 돼지에게로 갔다. 동시에 사지가 때려 주고 싶도록 미웠다. 약육강식도 그 도를 넘어서 같은 가축끼리 서로 화목하게 지내지 못하고 가장 참혹하고 잔인한 수단으로 살생까지 해서 제 배를 불리는 사지를 그대로 두고 볼 수가 없도록 극도로 미웠다. 돼지 임자와 동네 사람들은 나를 보고,

"여보, 댁의 개 때문에 닭은커녕 돼지도 못 길러먹겠소. 그래 그 따위 버르쟁머리를 하는 걸 그대로 내버려 둔단 말이요? 요담엔 어린애까지 물어갈 테니 살인하는 것까지 봐야 시원하겠소?"

하고 팔을 걷고 덤벼들며 시비를 걸었다.

"값을 물어 주었으니 고만이지 웬 여러 말이요?"

하고 나는 맞섰다. 억지의 소린 줄 알면서도 나 역시 속으로는 '저놈을 그대로 두었다가는 큰일을 저지르겠다.' 하고 집의 어린것까지 염려가 되었다. 그렇건만 그다지도 귀여워하던 사지를 개백정에게 내주고 올가미를 씌워 가는 것을 내 눈으로 차마 볼 수가 없었다. 그러지 않아도 어느 날 동리 사람들은 장거리로 가서 개백정을 데리고 와서는,

"자아 고집 세우지 말구 요정을 냅시다. 물건이 저렇게 크니 다른 개
값 갑절은 내리다."

하고 십 원짜리 넉 장을 내어민다. 저희끼리 수군거리는 말을 들으니 '뒷다리는 아무개가 갖다 먹고 내장은 그 누구 차지라.' 하며 잡아먹을 배비까지 하고 온 눈치다. 어쩌면 가마에 물까지 끓여 놓고 왔는지도 모른다.

"내 집에서 기르는 개를 돈을 받구 팔아먹을 내가 아니니 어서들 가우."

나는 처음에는 순순히 말대거리를 하다가 부득부득 조르는 것이 미워서,

"가라면 갔지 그래 남의 집으로 떼를 지어 와서 웬 야료*들야? 백 원
을 줘두 안 팔 테니 헐 대루들 해."

하고는 마루 끝에 놓았던 지전을 발길로 찼다. 그 때 마침 사지가 안마루 속에 누웠다가 밖에서 떠들썩하니까 그 우렁찬 목소리로 몇 마디 짖으며 나왔다. 개백정은,

"얘 이놈 엄청나구나!"

하고는 시꺼멓게 그을은 상판에 암상스럽게 생긴 눈초리로 사지의 목덜미에 눈독을 들인다. 그자의 허리춤에 개올가미가 한끝이 처진 것이 보였다. 사지는 개백정을 흘낏 보더니 저의 동무를 옭아 잡아죽이는 것

---

* 야료(惹鬧) 까닭 없이 트집을 잡고 함부로 떠들어 댐.

을 보았는지 한사코 짖으면서 겁이 나서 달려들지를 못한다.

"사지야!"

나는 목소리를 높여 사지를 불렀다. 사지는 내 목소리를 듣더니 비호같이 마루 위로 뛰어올라서 내 곁으로 바싹 붙으며 귀가 먹먹하도록 짖는다. 사지는 평상시에 마루 위로 뛰어오르는 버릇도 없거니와 나하고는 그 동안 아주 불상견이었는데 위급한 경우를 당하니까 내게로 달려들었다. 주인에게 구원을 청하였다. 사지의 위품에 개백정도 냉큼 달려들지를 못하고,

"어이 그놈의 개! 사람 잡아먹겠네."

하고 게두덜거리며 돌아섰다. 사지는 그제야 마음이 놓였는지 짖기를 그치고 내 앞에 가 앞발을 뻗고 너부죽이 엎드리며 바람이 나도록 꼬리를 젓는다. 그 눈동자에서 무한한 감사와 다시 살아난 기쁨의 빛을 확실히 보았다. 나는,

"사지야! 너 아주 혼났지? 한 번만 더 그런 짓 해 봐라, 그 땐 너구 나구 아주 영결이다."

하고 함치르르한 목덜미를 쓰다듬어 주며 달래고 타일렀다. 그 얼굴에는 사나운 동물의 표정이 없어지고 내가 이불 속에 끼고 자던 어렸을 때의 유순하고 사기 없는 그 얼굴이 나타났다. 나는 그 애원하듯 모든 죄를 뉘우치는 듯한 사지의 얼굴을 한참이나 바라다보았다. 담배 한 댓거리나 머리를 쓰다듬어 주며 앉았었다.

그 뒤로 사지는 주인에게 새로이 충성을 맹세한 듯 전보다도 더 나를 따랐다. 잠시도 곁을 떠나지 않으며 낯선 사람을 부쩝도 못하게 하였다. 나도 사지에 대한 애정이 더 깊어진 것을 깨달았다.

그런 지 며칠 후 저녁때에 불시에 온 동리가 떠들썩하였다. 나는 사지가 무슨 짓을 저질렀나 하고 안방으로 뛰어들어가 보니 사지는 장독

대 곁에 양지 쪽에서 네 활개를 벌리고 낮잠을 자고 있는 것을 보고 안심하였다.

"미친개가 들어왔다! 수만이네 개가 물렸다."

"영순네 개두 물렸다!"

하고 외치는 소리가 여기저기서 들렸다. 나는 우리 사지가 물릴까 보아 대문을 걸고 단장을 들고 앉아서 미친개가 오기만 하면 뚜드려 잡을 작정을 하고 기다렸다. 아니나다를까 털이 시커멓고 사지만큼이나 큰 놈이 혀를 기다랗게 빼물고 쏜살같이 내 앞으로 달려들었다. 동리 사람들은 사지를 내주지 않은 감정이 있어서 그러는지 몸을 사리느라고 그러는지 막대기를 들고 먼발치로 바라다만 보고 섰다. 미친개는 눈깔이 새빨갛게 뒤집혀서 개소리 같지 않은 이상한 소리를 지르더니 다짜고짜 내게로 뛰어오른다. 나는 소리를 지르고 단장을 휘둘러도 길길이 뛰어오르는 미친개를 막아 낼 수가 없었다. 개는 미치면 기운이 몇 갑절이나 나는 모양이다. 주사는커녕 의약도 없는 촌에서 한 번 물려 광견병에 걸리기만 하면 참 정말 큰일이다. 개에게 물려 개소리를 하다 죽는 사람을 본 나는 미친개와 싸우는 동안에 머리끝이 쭈뼛거리고 아랫도리가 사시나무 떨리듯 하였다. 미친개는 휙 하고 내 뒤로 돌아와서 바지자락을 물고 늘어졌다. 하마터면 종아리를 물릴 뻔하였다. 단장이 두 동강이 났다. 더구나 맨손으로는 당할 도리가 없었다. 그래도 미친개는 한사코 덤벼들었다.

"사지야!"

나는 겁결에 사지를 불렀다. 구원병을 청하였다. 사지는 밖에서 내가 개와 싸우는 소리를 듣고 뛰어나오려고 머리가 깨어져라 하고 걸어놓은 대문짝을 들이받았다. 암만해도 열리지를 않으니까 한 길이나 되는 수수깡 울타리를 뛰어넘어서 바깥마당으로 나오자,

"으르렁!"

소리를 한 번 지르며 목덜미 털이 고슴도치 털처럼 일어서더니 미친개에게로 돌격을 하였다. 대번에 미친개의 넓적다리를 물어 박지르는 통에 나는 구원을 받았다. 사지와 미친개는 맹렬한 단병접전이 개시되었다. 식식거리며 으르렁으르렁거리며 엎치락뒤치락 단판 씨름을 한다. 그제야 동네 사람들은 쇠스랑과 몽둥이를 들고 모여들었다. 보는 사람은 손에 땀을 쥐었다. 사지는 참으로 맹수 이상으로 용맹스러웠다. 그러나 귀와 뒷다리에는 검붉은 피가 흘렀다. 나는 그대로 보고 있을 수가 없어서 쇠스랑을 빼앗아들고 달려들어 미친개의 골통을 힘껏 찍었다. 미친개는,

"껑!"

하더니 그 자리에 혀를 빼물고 거꾸러졌다. 사지는 인제는 저항을 못하고 버둥거리는 미친개를 닥치는 대로 물어뜯으며 실컷 분풀이를 하였다. 나는 당장에 그 독한 이빨에 물려서 얼마 아니면 미쳐 죽게 될지도 모를 것을 사지의 희생적 응원으로 살아났다. 사지는 내 생명을 구해 준 은견이었다. 나는 손수건으로 나를 위하여 대신 흘린 피를 씻어주었다. 미친개에게 피가 나도록 물린 것이 여간 걱정이 되지 않았다. 밤잠이 오지를 않았다. 동네 사람들은,

"저 개를 그대로 두었다간 큰일나오. 마저 잡아 없애야지, 저 큰 게 미쳐나면 당할 사람이 없을 걸 번연히 알면서 그래, 이 동네 애들이 모두 물려서 개소릴 하구 죽는 걸 봐야 시원하겠소?"

하고 이번에는 아주 위협적으로 대어들었다.

"예에끼 개만도 못한 놈들! 너희는 내가 물리는 것을 번연히 보구만 섰다가 인제 와서 무슨 수작이냐? 물려두 나버틈 물리구 미쳐두 나버틈 미칠 테니 걱정 마라!"

나는 홧김에 소리를 버럭 질렀다. 그러나 사실은 안심이 되지 않아서 삼십 리나 되는 장거리로 가서 상약으로는 신효가 있다는 청가래라는

한약을 오십 전어치나 사다가 밥에 타서 사지를 먹였다. 사지는 냄새를 맡고 아니 먹는 것을 몇 번이나 억지로 먹이고서야 조금 안심을 하였다. 그러면서도 혹시 눈이 붉어지지나 않나? 밥을 안 먹고 실룽거리지나 않나? 하고 하루에도 몇 번씩 사지의 건강 상태를 검사하였다. 수만네 집 강아지와 영준네 개는 물론 그 날로 잡아먹었다. 그런 지 일 주일 뒤에 나는 사십 리도 넘는 읍에 볼일이 생겨서 갔다가 비를 줄줄 맞으며 사지가 한사코 따라오는 것을 신작로의 조약돌을 던져서 간신히 돌려보냈다.

사지는 원망스러운 듯이 돌아섰다. 집 앞에까지 오니 내가 출입했다 돌아오는 것을 보면 길길이 뛰어오르던 사지가 눈에 뜨이지 않는다.

'그자들이 잡아먹지나 않았나?' 하는 불길한 예감이 언뜻 머릿속으로 떠올랐다. 중문간으로 들어서며,

"사지야!"

하고 다정히 불렀다. 대답이 없다. 마루 밑에 공석을 깔아 놓은 저의 침소에서도, 저의 식당인 부엌 앞에서도 사지의 그림자를 찾을 수 없었다.

"사지 어디 갔느냐?"

하고 물어 보아도,

"어디 갔는지 아침밥두 안 들어와 먹었어요."

하는 것이 집 안사람의 모호한 대답이었다.

"아뿔싸, 늦었구나!"

나는 부르짖었다.

며칠 전에 올가미까지 차고 와서 눈독을 들이던 개백정의 그 날카롭던 눈초리가 내 가슴을 찌르는 것 같았다. 나는 영준네 집으로 가서 젊은 주인을 불러내어 시치미를 떼고,

"온 사람들두 그예 우리 집 개를 잡었구먼."

슬그머니 넘겨짚으며 혀를 끌끌 차 보였다.

"누가 알아요, 댁에서 안 계신 줄 알구 새벽녘에 요정을 낸 모양이드 군요."

'설마 잡기야 했으랴.' 하던 나는 가슴이 덜컥 내려앉았다. 흥분된 염통이 쿵쿵쿵 방아를 찧는 것을 간신히 진정하고,

"아 그래 뉘 집에서 잡았어?"

황급히 묻지 않을 수 없었다.

"아마 작은말 응천이 집으로들 뫼나 보지요. 난 보지도 못했지 만……."

하고 저는 조금도 상관이 없다는 변명을 하기에 바쁘다. 나는 철 아닌 궂은 비가 줄줄이 내려서 미끈미끈 미끄러지는 길을 한달음에 달려서 응천이네 집으로 뛰어갔다. 그 걸음은 나도 상상할 수 없으리만큼이나 빨랐다. 입에 침이 다 말랐다. 사립짝문을 발길로 걷어차고 들어서니 비릿한 개장 냄새가 코를 찔렀다.

"어떤 놈이 남의 개를 잡아먹느냐?"

호통을 지르며 더운 김이 뿌옇게 서리어 나오는 부엌으로 불쑥 머리 를 들여밀었다. 동네의 늙수그레한 축이 칠팔 명이나 쭈그리고 있다가 내 호통에 놀라서 벌떡 일어선다. 가마의 물은 부글부글 끓어 넘는데 침침한 부엌 바닥을 보니까 이를 어찌하랴! 백정놈이 창칼로 사지의 가 죽을 벗겨 가지고 가죽에 붙은 살을 발라 내고 있다. 그것을 본 나는 눈 이 벌컥 뒤집혔다. 여전히 독살스러운 눈으로 흘끔 치어다보는 개백정 의 간을 내어 씹고 싶도록 미웠다.

"이놈아! 이 잡아먹을 놈아!"

하고 나는 이를 부드득 갈며 단장을 들어 개백정의 어깨를 후려갈겼다.

"어이쿠."

하고 고개를 폭 수그렸다가 달려들어 반항을 하려는 개백정을 단장끝

으로 가슴을 찔러 넘어뜨리고,

"아, 미친개를 잡는데 말리는 사람이 누구란 말요?"

하고 말리는 동네 사람들을 단장으로 후려갈기고 떠다박지르고 하여, 정말 미친 사람처럼 날뛰는 바람에 막걸리까지 받아다 놓고 잘 먹으려고 침을 흘리며 부뚜막 앞에 턱을 쳐들고 앉았던 아귀들은 풍비박산을 하였다. 나는 그것만으로는 분이 풀리지 않았다. 외양간 앞에 세워 놓은 괭이를 들고 들어가서 큰 가마솥을 힘껏 내려찍었다. 유락한 솥뚜껑은 쨍 하고 두 쪽으로 갈라졌다. 물거품같이 부글부글 끓는 물 속에서 들먹거리며 떴다 잠겼다 하는 것은 허옇게 벗겨 놓은 사지의 잔등이였다! 나는 고개를 돌렸다.

그다지도 사랑하던 사지의 무참한 시체를 차마 내 눈으로는 볼 수가 없었다. 더구나 부엌 바닥에 백정이 살점을 훑다가 달아난 사지의 껍질은 더군다나 내려다볼 용기가 없었다. 불과 몇 시간 동안에 눈알맹이도 빠지고 몸뚱이는 송두리째 벗기우고 살점은 갈갈이 찢겨서 부엌 바닥에 납작하게 깔린 사지의 껍질! 그 싯누런 털! 나만 보면 곁에서 바람이 나도록 내두르던 그 탐스러운 꼬랑지! 나는 눈두덩이 뜨거워졌다. 더운 눈물이 앞을 가리었다. 더운 물이 묻어서 아직도 축축하고 끈적끈적한 사지의 머리털과 등을 전처럼 쓰다듬으며 어루만져 주며 어린애처럼 울고 싶은 것을 진정할 수 없었다.

"사지야! 사지야! 내가 잘못했다. 응, 사지야! 따라오는 너를 왜 쫓아 보냈는지 모르겠다. 주인의 잘못을 용서해 다우 응, 사지야!"

넋두리를 하듯 하며 울었다.

올가미를 쓰지 않으려고 최후의 반항을 하던 사지를 눈앞에 상상해 보았다. 개를 잡은 두 사람이 손을 처맨 것을 보아 잡을 때에 물린 것이 분명하였다. 사지가 미치면 위험하다는 것보다도 그 탐스러운 목덜미와, 군살이 너덜하게 찐 뒷다리에 식욕이 동해서 사지를 몰래 잡아다가

먹으려던 인간들의 살점을 물어뜯고 싶었다.

그러나 아무리 분풀이를 하기로서니 끓는 물 속에다 흐물흐물하도록 삶아 놓은 사지가 다시 살아날 리가 없었다. 나를 보고 꼬리를 흔들며 길길이 뛰어오르고 반가움에 겨워 마당에 가 뒹굴고 도둑을 지켜 주고 보호해 주고 목숨을 내놓고 싸워줄 수는 영원히 영원히 없었다.

나는 집에 돌아와 마루 끝에 털썩 걸터앉아 주루룩 주루룩 떨어지는 섬돌의 낙수 소리를 들으며 두 손으로 얼굴을 가리고 만 이태도 살지 못하고 비명에 횡사한 사지의 일생을 더듬어 보았다.

백신애

적빈

꺼래이
혼명에서
어느 전원의 풍경

적빈[*]

    그의 둘째 아들이 매촌이라는 산골에 장가를 간 후로는 그를 부를 때 누구든지 '매촌댁 늙은이' 라고 부른다. '늙은이' 라는 위에다 '매촌댁' 이라고 특히 '댁' 자를 붙여 부르는 것은 이 늙은이가 은진 송씨인 고로 송우암 선생의 후예라고 그 동리에서 제법 양반 행세를 해 오던 집안이 친정으로 척당이 됨으로써 부득이한 존칭이다. 그러나 지금에 와서는 존칭으로 댁자를 붙여 준다고는 아무도 생각지 않았다. 아무래도 '매촌 댁 늙은이' 하면 으레 더럽고 불쌍하고 남의 일 해 주는 거지보다 더 가난한 늙은이다 하는 멸시의 대명사로 여기는 것이었다. 그뿐 아니라 요즘에 와서는 '매촌 늙은이' 라고 '댁' 자를 쑥 빼고 부르는 사람도 있어졌다. 그래도 그 늙은이는 그것을 노엽게 생각할 만한 양반에 대한 애착심이 낡아빠져서 아무런 생각도 느끼지 않았다.

    몇 해 전 그가 허드렛일을 해 주러 다니는 그 동리 면장의 집 아들이

＊적빈(赤貧) 살림이 몹시 가난함.

장난말 끝에,

"늙은이의 이름이 뭐요?"

하고 물었다.

"히힝, 내 말인가. 늙은이가 무슨 이름이 있어!"

"그래도 왜 없어요. 똥덕이었소 개똥이었소?"

하며 놀려 대는 것이었다. 그는 젊은 놈이 당돌하게 늙은이의 이름을 묻는다는 것이 와락 분해져서,

"왜? 나도 예전에는 다 귀하게 큰 사람이요. 우리 할아버지는 송우암 선생의 자손이요, 글이 문장이라오. 내 이름도 할아버지가 귀한 딸이라고 귀남이라고 지었다오!"

하며 자기도 옛 세월 같았으면 너희들은 감히 나의 집에도 만만히 못 들어올 상놈들이다, 하는 뜻을 암시하여 양반 자랑을 한 것도 지금 생각하면 다 우스운 일이었다.

'돈 없고 가난하면 지금 세상은 이런 것.' 이라 하는 것만은 날이 갈수록 더 똑똑하게 알리어질 뿐이었다.

가난하다면 이 매촌댁 늙은이보다 더 가난할 수는 없는 것이다. 그의 맏아들은 오래 전에 죽어 버린 자기 남편과 마찬가지로 '도야지' 라고 별명을 듣는 멍텅이었다. 모든 일에는 도야지같이 둔하고 욕심궂고 철딱서니 없고 소견 없는 멍텅이면서도 술 먹고 담배 피우는 데는 일당백이었다. 그래서 남의 집에서 품팔이라도 하면 돈이 손에 들어오기가 바쁘게 술집으로 쫓아가는 것이었으므로, 몸에 입은 옷이라고는 자칫하면 감추는 물건이 벌름 내다보일 지경이었다. 그 동생은 스물여덟에 남의 집에서 고용살이로 모았던 몇 냥 돈으로 매촌으로 장가를 들고, 얼마 남은 것으로 형 되는 '도야지' 도 장가를 들여 주려고 했으나, 눈빠진 사람이 아니고는 그에게 딸을 내어 줄 사람이 없었다. 그러나 이렇게 못난이 '도야지' 라도 사위를 보려는 사람이 있었다. 그는 스무 살이나

먹도록 시집 못 보내고 둔 벙어리 색시의 아버지다. 도야지는 벙어리라고 흠으로 생각할 인물이 못 되어 '계집 얻는다.' 는 것만이 좋아서 싱글벙글하며 넓적한 콧구멍을 벌름거리며 장가를 들었다.

늙은이는 아들 둘을 다 장가보내고 나니 이제는 걱정할 것이 없다고 생각했으나, 장가를 보내고 나니 걱정은 더 많아졌었다. '도야지' 는 한 날 한시로 술만 찾아다니고, 벙어리는 매촌의 아내와 같이 있는 늙은이에게 와서 배고프다고 우는 것이었다.

매촌이는 장가든 후에도 고용살이를 하는 고로 그의 아내는 늙은이와 날만 새면 남의 집으로 돌아다니며 일해 주고 밥 얻어먹고 하여 살아오므로 고용살이로 받은 돈은 그대로 남겨 두게 되었다. 남겨 둔다더라도 일 년에 십 원 내외이나 늙은이는 백만 재산같이 귀중히 여겨 몸에 걸칠 옷 한가지 바꾸어 입을 것이 없는 것은 생각할 줄도 몰랐다.

아주 옷이 없어지면 산골로 돌아다니며 무명베 짜는 데 품팔이를 한다. 산골에서는 예전과 같이 아직까지도 제 손으로 옷감을 짜는 것이다. 한 필을 짜면 무명베 몇 척씩을 삯으로 받아 가지고 며느리 것 한 가지, 자기 한 가지씩 옷을 해 입는 것이었다. 때에는 벙어리도 데리고 다니며 일을 거들어 주어 밥을 얻어먹이기도 하는 것이었다. 밥 한 끼 얻어먹는다는 것이 무슨 큰 품삯이나 받는 것 같이 그들 셋은 뼈가 부서지도록 일을 해 주고 돌아다녔으나 그래도 별 걱정은 없었다.

'어서 몇백 냥 모이게 되면 그것으로 남의 돈이나 밭을 대지로 얻어서 제 농사를 해 보리라.'

하는 것만이 매촌의 부부와 늙은이의 유일한 희망이었다.

매촌이가 장가든 지 사 년 만에 이럭저럭 뼈를 깎아 모은 돈이 이 원 모자라는 육십 원이나 되었다. 매촌은 그 돈 중에서 십오 원을 떼어 일 간토옥 다 허물어져 가는 것을 사 가지고 생전 첨으로 자기의 집이라는 것을 가지게 되었다. 늙은이도 기뻐했던 것이다. 그랬더니 남은 돈 사

십삼 원으로 대지를 하기 전에 홀랑 날려보내고 말았다. 동리에서도 똑똑하고 일 잘 하는 신용 있는 매촌이었으나, 한꺼번에 많은 돈을 쥐고 보니 가뜩이나 마음이 벙벙한데다가, 돈냄새를 맡고 달려든 동리 알부랑 노름꾼들에게 속아 넘어서 하룻밤에 휘딱 날려보내고 만 것이었다.

매촌은 두 눈에 불이 켜지고 뼈가 녹은 것같이 쓰라리게 아까워서 죄 없는 담뱃대만 힘껏 두들겨 부수었다. 손에 쥐인 것같이 믿고 있었던 농사한다는 그들의 꿈은 그대로 애처롭게 물거품으로 돌아가고 말게 되었으므로, 늙은이는 온밤이 새도록 아들을 조르며 죽는다고 목을 놓고 우는 것이었다.

"죽일 놈들, 도적놈들, 내 돈 사십삼 원을 그대로는 못 먹을 것이다."

매촌은 딱 버티고 앉아 이를 갈았다. 그러나 한번 낚인 돈이 아무리 간장을 녹인들 도로 제 손 안에 들어올 리가 없는 것이었으나, 그래도 매촌은 제 돈 찾으러 매일같이 노름판에 드나들었다. 그러는 중에 그는 제 자신도 모른 사이에 어느덧 동리의 알탕 노름꾼으로 변하고 말았다. 단순한 매촌이었던만큼 그의 변화는 쉽고 빠른 것이었다.

늙은이와 며느리는 태산같이 믿었던 매촌이가 그 모양이 되고 오직 하나 희망이었던 제 농사 짓는다는 것도 꿈으로 돌아간 후 죽지도 살지도 못할 판에 끼여 한결같이 남의 집에 다니며 입만은 살아갔다. 일 년 열두 달 남의 솥에 익혀 낸 밥만 얻어먹는 그들이라 비록 일은 해 주고 먹는 것이라 해도 동리 사람들은 공밥을 먹이는 것 같이 그들을 천대하는 것이었다. 늙은이에게서 '매촌댁'의 댁자를 쑥 빼고 '매촌 늙은이'로 불리게 된 것도 이 때부터이다.

큰아들 도야지나마 이제는 셈을 차릴 나이도 된 지 오래였건마는 그는 술 한 잔이면 제 목이라도 베어 줄 작자였으므로 죽도록 일을 해 주고로 술만 얻어먹고 그대로 오는 것이었고, 벙어리는 또 제대로 밥만 얻어먹고는 죽을 둥 살 둥 일을 해 주는 것이었다. 그러나 이 중에도 또

불행이 하나 더 덮쳐 도야지는 그 마을에서 쫓겨나게 되었다.

그것은 몇날 술을 먹지 못하여 못살 지경에 이른 도야지가 한 꾀를 생각해 가지고 술집에 가서 '술 한 잔만 주면 나무 한 짐 해다 주겠다.'는 약속으로 먼저 술 한 잔을 얻어먹었다. 그러고는 갖다 줄 나무가 없어 나무 베기를 엄금하는 사방 공사 해 놓은 대까치 한 짐 잔뜩 베어 지고 내려오다가 일군 패장에게 들키어 나뭇짐은 나뭇짐대로 다 빼앗기고 죽도록 얻어맞고 술집 마누라까지 무한 욕을 먹고 한 까닭에 그는 그 동리에게 쫓겨난 것이었다. 그 길로 매촌에게 왔으나 매촌이 역시 알부랑 노름쟁이라 하는 수가 없었다.

그래서 그는 하는 수 없이 오 리 가량 떨어진 동리에 가서 남의 집 곁방살이로 들어갔다. 방세는 내지 않더라도 그 집의 바쁜 일은 거들어 주겠다는 약속이었다. 그러나 당장에 입에 넣을 것이 없었으므로 벙어리를 두들기며 밥 얻어 오라고 하는 것이었으나, 벙어리는 이미 당삭이 된 커다란 배를 가리키며 싫다는 듯이 우는 것이었다. 그래도 도야지는 어떻게든지 해서 양식을 얻어 올 궁리는 하지 못하고 벙어리를 조르다가 지치면 그의 어머니인 늙은이가 무엇이나 가져다 주지 않나! 하는 턱없는 꿈을 꾸며 뒹굴뒹굴 구르기만 하는 것이었다. 이따금 담배 생각이 나면 들에 나가서 쓴냉이의 꽃을 따다가 대에 넣어 가지고 쥐새끼 소리를 내며 빨아 대는 것이었다.

벙어리는 자기 뱃속에서 꿈틀꿈틀하며 태아가 놀면 몸서리를 치며 무서워했다.

"빌어먹을 년, 어린애가 그러지 않나 겁은 왜 내어?"
하고 벼락같이 소리를 지르나 알아듣지 못하고 끙끙…… 하는 소리로 울며 자기 배를 꽉 쥐어지르는 것이었다. 하루 한 끼도 얻어먹지 못하는 그들이라 벙어리의 커다란 두 눈은 쇠눈깔같이 험악하였다.

늙은이는 어느 날 밤에 큰 호랑이 두 마리가 꿈에 보이더라고 하며 그 이튿날 아침에 매촌의 아내를 보고 꿈 이야기를 하는 것이었다.

"아마도 오늘 내일 간에 너이들이 다 아들을 낳으르는가 보더라……."
하며 신기하다는 듯이 며느리를 바라보는 것이었다.

매촌의 아내도 벙어리와 같이 당삭이었던 것이다.

"한꺼번에 둘이 다 해산을 한다면 이 일을 어쩔까. 작은며느리는 그
래도 해산 후에 먹을 것이나 준비해 두었지마는 저 벙어리를 어떻
게……."

늙은이는 혼자 중얼거리며 연방 체머리를 설레설레 흔드는 것이었
다. 작은며느리는 해산하면 먹는다고 쌀 다섯 되, 보리 한 말을 준비해
두기라도 했거니와, 벙어리는 지금 당장에 굶고 있는 판이니 그 일이
난감하였다.

혼자 생각다 못해 노란 것, 흰 것, 검은 것이 한데 섞인 몇 가닥 안 되
는 머리를 손가락으로 감아서 꽁쳐매고 누덕누덕 기운 적삼에 걸레같
은 몽당치마를 입고 빨리 집을 나섰다. 그는 그 길로 바로 단골로 다니
며 일해 주는 집들을 돌아다니며 사정 이야기를 하고 얼마만큼만 꾸어
주면 나중에 그만큼 일을 해 주리하고 애원을 해도 한 집도 시원케 대
답하지 않았다. 모두,

"그 늙은이는 참 그런 이들을 자식이라고 걱정을 해. 먹을 것도 없는
줄 알며 어린애는 왜 만들었어?"
하고 비웃고 핀잔 주고 놀려 주고 할 뿐이었다.

늙은이는 이지러지고 뿌리만 남은 몇 개 남지 않은 이빨을 드러내며,
"히에에."
하고 고양이같이 웃어 보이는 것이었다. 웃으면 곪아 비틀어진 우봉뿌
리 같은 그 얼굴에 누비질한 것같이 잘게 깊게 잡힌 주름 사이에서 햇
빛을 보지 못한 살이 박고 기운 것같이 여기저기 드러나는 것이었다.

"그러기에 말이지. 자식놈들이 몹쓸 놈이지. 그저 벙어리가 불쌍해서

그러는 거요……."

하고는 다시 한 번 '히에에' 웃어 보이고는 돌아서 나오는 것이었다.

그는 행여나! 하는 생각으로 마지막으로 또 한 집에 들렀다. 오랫동안 천대받고 학대받아 온 늙은이라 남들의 냉정한 것을 슬프게나 원망스럽게 느낄 줄을 몰랐다. 그리고 낙심할 줄도 몰랐다. 마지막 들른 집에서는 쉽사리 동정을 하는 것이었다.

"에구 불쌍해라. 아이는 하필 저런 데 가서 잘 태이거던……."

하며 쌀 한 되, 보리 두 되, 장 한 그릇, 미역 한 쪽, 명태 한 마리를 별말 없이 내어 주는 것이었다. 밥 한 그릇에 온 전신이 녹도록 고맙다고 생각하는 이 늙은이라 이렇게 과분한 적선에는 도리어 고마운 줄 몰랐다. 그의 고마움을 느끼는 신경은 너무나 한도적이었던 까닭이라, 그의 신경은 모조리 감격에 차고 이 여러 가지에 대한 감사를 일일이 다 느끼기에는 그의 신경이 모자랐던 것이다.

늙은이는 체머리만 쩔레쩔레 흔들며 연방 혀끝으로 콧물을 잡아뜯듯이 닦았다. 아무 고맙다는 인사도 없이 그는 여러 가지를 바구니 속에 넣어 가지고 머리에 였다.

그 집을 나와 한참 도야지 있는 마을을 향해 걸어가다가 그는 힐끔 돌아보고는 얼른 명태를 끄집어 내어 품 속에 감추었다.

'이것은 작은며느리 해산하거던 주지.'

그는 벙어리만 중하게 생각하는 것 같아서 명태는 감추었다가 작은며느리를 주려는 것이었다.

도야지가 있는 방 지게문을 덜컥 열어젖히니 방 안에서는 더운 김과 쿠퀴한 냄새가 물씬 솟았다. 도야지는 혼자 방에 누웠다가 부시시 일어나 앉았다.

"그것 뭐요, 배고파아라!"

하며 힐끔 아래서부터 옆으로 늙은이를 치어다보는 것이었다.

그 모양이 정말 도야지 같아서 늙은이는 속으로 쓴웃음을 쳤다. 방 안 모양도 도야지우리 같았거니와 그의 느린 동작과 조그만 눈이 슬그 머니 흘겨보는 상은 병들은 도야지 그대로였다. 다만 한 가지 참도야지 처럼 살이 통통 찌지 않은 것만이 다를 뿐이었다.

늙은이는 지긋지긋하게도 못나고 망나니인 두 아들을 원망이나 미워 하는 것도 이제는 그만 지쳐서 그대로 잠자코 방으로 들어갔다.

"그것 뭐요!"

입 가장자리가 뽀얗게 침이 타 붙은 것을 손등으로 슬쩍 닦으며 배고 파 못 견디겠다는 듯이 재차 묻는 것이었다.

"무엇이야 아무것도 아니지. 젊은것이 해산을 하면 무엇을 먹일려고 밤낮 이러고만 있어."

늙은이는 목에 말라붙은 것 같은 작은 소리로 노하지도 않고 곱게 타 이르는 것이었다.

"일하러 갈래두 배고파서……."

"그렇다고 누웠으면 하늘에서 밥이 떨어지나. 젊은것은 어디 갔어?"

"뒷산에 나물 캐러 갔는가……."

늙은이는 네 손가락으로 뒤통수를 덕덕 긁으며 답답해 못 견디겠다 는 듯이 벌떡 일어섰다.

"이것은 해산하면 먹일 약이다, 손도 대지 말아라!"

늙은이는 열 번 스무 번 당부를 하는 것이었다.

"음, 그래 웬 잔소리는 ……."

하고 도야지는 온 몸뚱이의 껍질만 남겨 두고 모든 정신이 그 바구니 속에 쏠려 늙은이의 말은 지나가는 바람 소리로만 여기는 것이었다.

늙은이는 도야지의 속심판을 잘 들여다볼 수 있었다. 아무리 당부해 도 그 말을 실행할 도야지가 아닌 것도 잘 알았으나 조금이라도 아껴 먹도록 하라는 뜻으로 자기도 몇 번이나 부탁만은 하는 것이었다. 그러나 아무리 지혜 없는 '축신이' 도야지라 할지라도 사십에 가까운 사나이에게 양식을 약이라고 말하는 자기가 서글프기도 하였거니와 그들에게 있어서는 양식이라는 것은 생명줄을 이어 주는 귀하고 중한 약이 아니고 무엇이냐, 밥을 약과 같이 먹어야 하는 너희들이 아니냐, 하는 생각도 났으므로 늙은이는 다시 더 입을 떼지 않고 그 방을 나섰다.

집으로 돌아오는 길에도 행여나 벙어리와 마주칠까 해서 명태 한 마리는 품에 숨긴 채 왼편으로 그 위를 누르고 빨리 돌아왔다. 작은며느리는 일하러 나가고 없었으므로 부엌 한 옆에 구덩을 파고 넣어 둔 쌀항아리 뚜껑을 열고 명태를 쌀 속에 파묻어 두었다. 그리고 자기도 어디 가서 좀 일을 해 주고 점심을 떼우리라는 생각으로 그대로 집을 나왔다.

그는 그길로 면장의 집으로 갔다.

"늙은이 어서 오소, 이애가 웬일이오!"

하며 면장의 마누라는 세 살 먹은 계집애를 안고 마루에서 어쩔 줄 몰라하는 판이었다.

"왜? 어디가 아픈가?"

늙은이는 얼른 마루로 올라가서 익숙한 솜씨로 어린애의 이마와 가슴을 만져 보았다.

"지금까지 뜰에서 놀던 것이 갑자기 이 모양이야!"

어린애는 정말 열이 나고 괴로운 울음을 우는 것이었다.

"별일 없어요? 어디 봅시다."

늙은이는 어린애를 받아 안고 오므러진 입술을 더 오므려 가지고 가만가만히 가슴과 배를 만지는 것이었다. 평생에 하도 남의 집에를 돌아다닌 늙은이라 남의 앓는 것도 많이 보았거니와 고치는 것도 많이 보고 듣고 해 온 것이라, 지금에 와서는 웬만한 병은 자기의 생각나는 대로 조약도 가르쳐 주고 객귀도 물려 주고 체증도 내려 주고 하여 신출내기

의원보다 동리에서 더 믿는 것이었다. 그러므로 면장의 마누라도 늙은 이에게 안심하고 아이를 맡기는 것이었다.

과연 어린애는 이윽고 소화되지 않은 음식을 토하기 시작하더니 한참 만에 그대로 잠이 들었다. 늙은이는 후 한숨을 하고 툇마루로 나와 앉으며,

"한숨 포근히 자고 나거든 노골노골한 조당수나 끓여 멕이고 저녁은 멕이지 말고 그대로 재우면 별일 없을 것이오."

하였다. 마누라도 안심한 듯이 늙은이에게 줄 밥을 참견하였다. 늙은이는 밥과 반찬 찌꺼기를 얻어 가지고 툇마루 한옆에서 씹지도 않고 뭉텅뭉텅 삼키기 시작했다.

"에구 늙은이, 천천히 좀 먹으면 어떤가, 그렇게 막 삼켰다가 걸려 죽으면 어째……."

마누라는 늙은이의 밥 먹는 양을 바라보다가 주의를 시키는 것이었다.

"히엥……."

늙은이는 애교 있는 웃음을 웃고 간청어 꼬리를 뼈째로 모조리 뭉텅 베어 우물우물하더니 입이 움쑥하며 꿀꺽 소리를 내고 삼키는 것이었다.

"에그머니, 뼈를 막 먹네."

"히엥! 걱정하지 마소. 죽어도 먹다가 죽는 것은 복이 아니오?"

그는 그의 버릇인 '히엥' 하는 고양이 웃음 같은 소리로 한 번 더 웃어 보이고 연방 주먹만큼한 밥숟갈이 오르내렸다.

'저 늙은이의 창자는 무쇠로 된 것이야!'

마누라는 자기도 침을 삼키며 찬장에서 먹던 김치 찌꺼기를 더 내어 주었다. 늙은이는 지금까지 먹으라고 주는 것은 사양해 본 적이 없는 판이라, 주는 김치도 넙적 받아 국물부터 후루룩 삼켜 보는 것이었다.

그의 몸뚱이는 곯아비틀어졌어도 오직 그의 창자만은 무쇠같이 억세고 튼튼하였던 것이었다. 지금까지 배앓이를 해 본 적이 없는 그였다.

그 날은 이것저것 거들어 주고 저녁까지 얻어먹고 돌아나올 때 마누라는 늙은이의 치맛자락에 보리 두어 되를 부어 주었다.

"에구, 이것은 왜?"
하면서도 사양하지 않고 그대로 집으로 돌아왔다.

그는 그 보리를 가져다가 헌 누더기 조각에 싸 가지고 며느리 몰래 부엌 나뭇단 밑에 감추었다. 벙어리의 양식이 없어지면 가져다 주려고…….

그런 지 몇 날 만에 벙어리가 해산 기미로 누웠다는 통기를 듣고 부랴부랴 달려간 때는 오정이 훨씬 지나서이다. 방문을 덜컥 열어젖히니 벙어리는 죽겠다고 머리를 방구석에 틀어박고 끙끙하며 손으로 벽을 쥐어뜯고 있고, 도야지는 조급한 듯이 연기도 나지 않는 담뱃대만 쪽쪽 빨며 쥐새끼 소리를 내고 앉아 있었다.

"언제부터 저러나?"
늙은이는 방에 들어가 앉으며 아들에게 묻는 것이었다.

"몰라요, 어젯밤부터 아직까지 물도 한 모금 마시지 않네요!"
늙은이는 벙어리의 고통을 잘 알았다. 아무것도 먹지 못해 기운이 없어 속히 어린애를 낳지 못하는 것이다 하는 생각이 들자,

"접때 가져다 준 것 어디 있어?"
하고 물었다.

"뭐요? 그것 다 먹었지."
"무어, 어째?"
늙은이는 기가 막혔다. 그까짓 쌀 한 되, 보리 두 되를 먹는다니 입에 붙일 것이나 있었으리요마는 미역까지 먹었다는 말에 와락 속이 상했다.

"빌어먹을 놈, 그것을 죄다 먹다니……."

기운이 없어 아이를 속히 낳지 못하고 끙끙하는 벙어리를 앞에 두고 늙은이의 가슴은 어리둥절하였다. 우선 조금 남아 있는 장으로 솥에 찬물 한 바가지를 붓고 물을 끓여 벙어리에게 두어 숟갈 먹였더니,

"아버바!"

하는 고함 소리와 함께 방바닥에 샛빨간 고깃덩어리가 떨어지며, '으아!' 하고 힘있는 첫 소리를 쳤다. 늙은이는 탯줄을 끊으려 해도 가위도 아무것도 없어 생각하는 판에 도야지가 달려들어 입으로 탯줄을 서걱 비었다. 방바닥이라 해도 문 앞에 다 떨어진 싸릿자리가 손바닥만큼 깔려 있을 뿐이었으므로 어린애는 맨흙 위에 그대로 누워 새빨간 팔과 다리를 고물락거리며 입술을 오물락거리고 있었다. 늙은이와 도야지는 얼른 어린애의 다리 사이를 헤치고 보았다. 조그만 무엇이 달리어 사나이라는 것을 뚜렷이 증명하고 있었다. 늙은이는 갑자기 두 팔을 덜덜 떨며 두리번두리번 살피다가 하는 수 없이 손빠르게 자기의 치마를 벗어 어린애를 싸 가지고 자리 위에 눕혔다. 벙어리는 죽은 것 같이 늘어져 누워 있었다. 도야지는 뜻도 없는 말소리를 혼자 분주히 중얼거리며 담뱃대를 쥐었다 놓았다 벙어리를 만져 보았다 하는 것이었다.

늙은이는 잠시 가만히 앉아 예순셋에 처음으로 보는 손자라 그런지 그의 가슴은 감격에 꽉 차 가지고 웬일인지 눈물이 줄줄 흘러내렸다.

연해서 안태를 낳자 그 많은 피를 감당할 수 없어 떨어진 가마니쪽에다가 태를 움켜 담아 도야지를 시켜 뜰 한옆에 가서 불사르라고 시켰다.

"저것을 무엇을 먹일까!"

늙은이는 자기 집 나무 밑에 감추어 둔 보리 두 되가 생각났으나 지금 그것을 가지러 가려 하니 몸을 빼서 나갈 수 없고 도야지를 시키니 작은며느리에게 들킬까 걱정이 되어 자기 팔이라도 베이고 싶었다. 그

릴 때 집주인 마누라가 이 모양을 알아채고 쌀 한 그릇을 주는 것이었다.

늙은이는 그것으로 밥을 지어 벙어리에게 크게 한 그릇 먹이고 남은 것은 바가지에 끌어담았다.

"그년 어린애 낳고 아프지도 안나베. 밥이야 억세게 먹어 댄다. 나도 배고파 죽겠는데, 제에기."

도야지는 뜰에서 태를 태우며 버럭 소리를 지르는 것이었다.

늙은이는,

"빌어먹을 놈, 축신이같이."

하며 바가지의 밥을 덜어서 도야지를 주고 자기는 손가락에 묻은 밥알만 뜯어먹었다. 어린애도 만지고 벙어리 몸도 단속하는 사이에 해는 저물어 갔다. 그는 남은 밥을 벙어리에게 먹여 놓고 차마 어린것을 덮어 준 치마를 벗기지 못해 떨어진 속옷바람으로 어둡기를 기다려 자기 집으로 보리를 가지러 가는 것이었다.

작은며느리가 알면,

"보리는 뉘 것이요, 왜 숨기었다가 가져가오."

하고 마음을 상할까 하여 그는 가만히 자기 집으로 들어갔다.

매촌이는 또 노름방으로 갔는지 며느리 혼자서 까무락거리는 호롱불을 켜고 옷끈을 끌러 놓고 벼룩 잡는다고 부시직거리고 있었다. 늙은이는 자취끼 없이 부엌으로 들어가, 나무 밑에 손을 넣어 살그머니 보리꾸러미를 끌어내었다. 진작 도로 나오려다가 조금 멈칫하고 생각한 후 재주 있는 스리와 같은 손짓으로 쌀항아리 속에 손을 넣었다. 전날에 쌀 밑에 감추어 두었던 명태가 쌀 위에 쑥 빠져나와 있었다.

'아이구, 며느리가 보았구나.'

하는 생각이 들자 그는 얼른 항아리에서 손을 빼어 집을 빠져나왔다.

보리뭉치만을 옆에 끼고 번개같이 달려가서 도야지에게 갖다 주고,

"이것으로 죽을 쑤어 너는 조곰씩만 먹고 어린애 어미만 먹여라!"
하고 몇 번이나 당부하고 자기는 다시 집으로 돌아오는 것이었다.

텅 빈 뱃가죽은 등에 가 붙고 입 안과 목 안은 송진으로 붙인 것같이 입맛을 다시면 찢어지는 것같이 따가웠다. 저까짓 보리 두 되로 몇 날을 지탱시킬까 하는 생각이 들자, 그의 두 다리는 가리가리 힘이 빠지고 도야지와 매촌이 못난 것이 새삼스럽게 얄미웠다. 그러나 눈앞에는 어린애의 사나이라는 표적만이 얼릿얼릿 나타났다 사라졌다 하는 것이었다.

"원수는 외나무다리에서 만난다고 작은며느리마저 오늘 밤에 해산을 하는 판이면……."
하는 생각이 나자, 그는 두 눈이 아물아물 어두워지며 금방 앞으로 고꾸라질 것 같았다. 연방 흘려져 내리는 속옷을 한 손으로 움켜잡고 떨어진 속옷 사이로 코끼리의 껍질 같은 몸뚱이를 벌름거리며 그대로 줄달음질을 치는 것이었다.

꺼래이

끌려갔습니다. 순이들은 끌려갔습니다. 마치 병든 거러지 떼와도 같이……. 굵은 주먹만큼씩한 돌멩이를 꼭꼭 짜 박은 울퉁불퉁하고도 딱

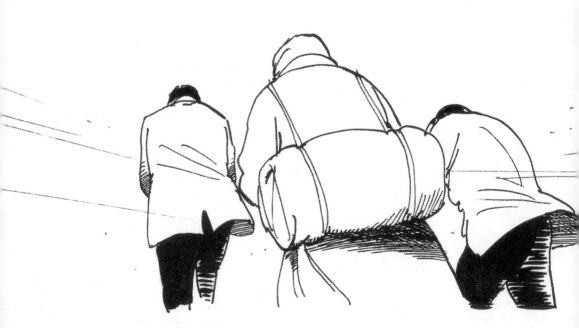

딱한 돌길 위로……. 오랜 감금의 생활에 울고 있느라고 세월이 얼마나 갔는지는 몰랐으나 여러 가지를 미루어 생각컨대 아마도 동짓달 그믐께나 되는가 합니다.

고국을 떠날 때는 겹저고리에 홑속옷을 입고 왔었으므로 아직까지 그때 그 모양대로이니 나날이 깊어 가는 시베리아의 냉혹한 바람에 몸뚱어리는 얼어 터진 지가 오래었습니다.

순이의 늙으신 할아버지, 순이의 어머니, 그리고 순이와 그 외 젊은 사나이 두 사람, 중국 '쿨리' 한 사람, 도합 여섯 사람이 끌려가는 일행이었습니다.

'뾰족삿게'를 쓰고 기다란 '빨도'를 입은 군인 두 사람이 총 끝에다

날카로운 창을 꿰어 들고 앞뒤로 서서 뚜벅뚜벅 순이들을 몰아갔습니다. 몸뚱어리들은 군데군데 얼어 터져 물이 흐르는데 이따금 뿌리는 눈보라조차 사정없이 휘갈겨 몰려 가는 신세를 더욱 애끓게 하였습니다. 칼날같이 산뜻하고 고추같이 매운 묵직한 무게 있는 바람결이 엷은 옷을 뚫고 마음대로 온몸을 에내었습니다. 모든 감각을 잊어버리고 마치 로봇같이 어디를 향하여 가는 길인지, 죽음의 길인지, 삶의 길인지, 아무것도 모르고 얼어 빠지려는 혼만이 가물가물 눈을 뜨고 엎어지며 자빠지며 총대에 휘몰려 쩔름쩔름 걸어갔습니다.

'슈다!' 하면 이편 길로, '뚜다!' 하면 저편 길로 군인의 총 끝을 따라 희미한 삶을 안고 자꾸자꾸 걸었습니다.

길가에 오고가는 사람들이 발길을 멈추고 애련하다는 표정으로 바라보며 어린아이들은 제 어머니의 팔에 매달리며 손가락질했습니다.

그러나 순이들은 부끄러운 줄 몰랐습니다.

"나도 고국 있을 그 어느 때 순사에게 묶여 가는 죄인을 바라보고 무서웁고 가엾어서 저렇게 서 있었더니……."

하는 생각이 어렴풋이 나기는 했습니다마는, 얼굴을 가리며 모양 없이 웅크린 팔짱을 펴고 걷기에는 너무나 꽁꽁 언 몸뚱이였으며 너무나 억울한 그 때였습니다. 그저 순이들은 바람받이에서 까물거리는 등불을 두 손으로 보호하듯 냉각해진 몸뚱어리 속에서 까물거리는 한 개의 삶이란 그것만을 단단히 안고 무인 광야를 가듯 웅크려질 대로 웅크리고 눈물 콧물 흘려 가며 쩔름쩔름 걸어갔습니다.

걷고 걷고 또 걸어 얼마나 걸었는지 순이의 일행은 거리를 떠나 파도치는 바닷가에 닿았습니다.

어떻게 된 심판인지 순이의 일행은 커다란 기선 위에 끌려 올라갔습니다. 어느 사이에 기선은 육지를 떠나 만경창파 위에 술렁이기 시작했습니다.

"아이구, 아빠! 우리 아빠!"

"순이 아버지 아이고, 아이고, 순이 아버지."

"순이 애비 어디 있니? 순이 애비……."

순이는 할아버지와 어머니와 서로 목을 얼싸안고 일제히 소리쳐 울었습니다. 가슴이 찢어지고 두 귀가 꽉 먹어지면서 자꾸자꾸 소리쳐 불렀습니다.

"여봅쇼, 울지들 마오. 얼어 죽는 판에 눈물은 왜 흘려요."

젊은 사나이 두 사람은 순이들의 울음을 막으려고 애썼으나, 울음소리조차 내지 못하는 순이의 할아버지는 그대로 털썩 갑판 위에 주저 앉아 작대기 든 손으로 쾅쾅 갑판을 두들기며 곤두박질하였습니다.

"여봅시오, 우리 아버지가 저기서 죽었어요."

순이도 발을 굴리며 소리쳤습니다.

"죽은 아들의 뼈를 찾으러 온 우리를 무슨 죄로 이 모양이란 말이요."

할아버지는 자기의 하나 아들이 죽어 백골이 되어 누웠다는 ×××란 곳을 바라보며 곤두박질을 그칠 줄 몰랐습니다. 그러나 기선은 사정 없이 육지와 멀어지며 차차 만경창파 위에서 술렁거리기 시작했습니다. 그 때 한 떼의 물결이 철썩하며 갑판 위에 내리덮이며 기선은 나무 잎사귀처럼 흔들리기 시작했습니다. 그 순간 일행은 생명의 최후를 느끼며 일제히 바람 의지가 될 만한 곳으로 달려가 한 뭉치가 되었습니다.

그 때 중국 쿨리는 메고 왔던 보퉁이 속에서 이불 한 개를 꺼내어 둘러 쓰려 하였습니다. 이것을 본 젊은 사나이 한 사람이 날랜 곰같이 달려들어 그 이불을 뺏들어 순이의 할아버지를 둘러 주려고 했습니다.

중국 쿨리는 멍하니 잠깐 섰더니 갑자기 얼굴을 꿈틀꿈틀 경련을 일으키더니 누런 이빨을 내놓고 시작도 끝도 분별없는 소리로,

"으어!"

하고 울었습니다.

그 눈에서 떨어지는 굵다란 눈물 방울인지 내리덮치는 물결 방울인지 바람결에 물방울 한 개가 순이의 뺨에 때려부쳤습니다.

순이는 한 손으로 물방울을 씻으며 한 손으로 이불자락을 당겨 쿨리도 덮으라고 했습니다.

"아이그, 우리를 다리고 온 군인들은 어디로 갔을까?"

누구인지 이렇게 말하였으므로 일행은 고개를 들어 살펴보니 과연 군인 두 사람의 흔적이 없었습니다.

"모다들 추우니까 선실 안으로 들어간 게로군. 빌어먹을 자식들."

하고 젊은 사나이는 혀를 찼습니다.

그 말을 듣자 순이는 벌떡 일어나,

"우리도 이러다가는 정말 죽을 테니 선실 안으로 들어갑시다."

하고 외쳤습니다.

"안 됩니다. 들어오라고도 않는데 공연히 들어갔다 봉변당하면 어찌하게."

하고 젊은 사나이는 손을 흔들며 반대했습니다.

"봉변은 무슨 오라질 봉변이야요. 이러다가 죽느니보담 낫겠지요. 점잔과 체면을 채릴 때입니까."

순이도 발악을 하듯 외쳤습니다.

"쿨리에게 이불 빼앗을 때는 예사이고 선실 안에 들어가는 것은 부끄럽단 말이요? 나는 죽음을 바라 그대로 있기는 싫어요. 봉변을 주면 힘자라는 데까지 싸워 보지요."

순이는 그대로 있자는 젊은이들이 얄밉고 성이 났습니다. 자기들의 무력함을 한탄만 하고 앉았는 무리들이 안타까웠던 것입니다.

순이는 기어이 혼자 선실을 향하여 달려갔습니다. 기선은 연해 출렁거리며 이따금 물결이 철썩 내리덮치곤 하였습니다. 일행의 옷은 물결에 젖고, 젖은 옷깃은 얼음이 되어 꼿꼿하게 나뭇가지처럼 되었습니다.

선실로 내려가는 층층대를 순이는 굴러떨어지는 공과 같이 내려갔습니다.

선실 안에는 훈훈한 공기가 꽉 차 있어 순이는 얼른 정신을 차릴 수 없었습니다. 잠깐 두리번두리번 살펴보다가 한옆에 걸터앉아 있는 군인 두 사람을 찾아내었습니다.

순이는 번개같이 달려가 군인의 어깨를 잡아젖히며,

"우리는 죽으란 말이요?"

하고 분노에 떨리는 소리로 물었습니다.

군인은 놀란 듯이 잠깐 바라본 후 웃는 얼굴을 지으며 제 나라 말로,

"모두 이리 내려오느라."

하고 말했습니다.

순이는 선실 안의 사람들이 웃는 소리를 귀 밖으로 들으며 다시 갑판 위로 올라갔습니다. 풍랑은 사나울 대로 사나워 잠시라도 훈훈한 공기를 쏘인 순이의 창자를 휘둘러 몸에 중심을 잡고 한 자국도 내어디디지 못하게 하였습니다. 그러나 순이는 일행이 있는 곳을 바라보았습니다.

이제는 아주 얼음덩이가 된 이불자락에 머리를 감추고 모두 죽었는지 살았는지 움직이지도 않고 있는 것이 보였습니다.

순이는,

"모두 이리 오시오."

하고 소리쳤습니다마는 풍랑 소리에 그의 음성은 안타깝게도 짓밟히고 말았습니다.

순이는 더 소리칠 용기가 없어 일행을 향하여 한 자국 내어놓자 사나운 바람결이 몹쓸 장난꾼같이 보드라운 순이의 몸뚱이를 갑판 위에 때려 누이고 말았습니다. 다시 일어나려고 발악을 하는 그의 귀에 중국

쿨리의 울음소리가 야곡성같이 울려 왔습니다.

이윽한 후 군인 한 사람이 갑판 위로 올라와 본 후 순이를 일으키고 여러 사람도 데리고 선실로 내려왔습니다. 선실 안에 앉았던 사람들은 일행의 모양을 바라보며 모두 찌글찌글 웃었습니다.

병든 문둥 환자의 모양이 그만치 흉할는지? 얼고 얼어, 푸르고 붉고 검고 한 얼굴로 콧물을 흘리며 엉금엉금 층대를 내려서는 여섯 사람의 모양을 보고 우습지 않을 이 누가 있었겠습니까?

일행의 몸이 녹기 시작하자 시간은 얼마나 지나갔는지 기선은 어느 조그마한 항구에 대었습니다.

쌓아 둔 짐 뭉치에 기대 누운 순이의 할아버지는 뼈끝까지 추움이 사무쳤음인지 한결같이 떨며 끙끙 앓기만 하고, 순이의 어머니는 수건을 푹 내려쓰고 팔짱을 낀 채 역시 웅크리고 앉아 있었습니다.

"여기서 내리는 모양이구려."

젊은 사나이가 순이의 곁에 오며 말했습니다. 순이는 그 곳에서 또다시 내릴 생각을 하니 다시 그 차운 바람결이 연상되어 금방 기절할 것 같이 소름이 끼쳤습니다. 그러는 중에 군인이 일어서 순이의 할아버지를 총대로 툭툭 치며 무엇이라고 말했습니다.

"안 돼요. 여기서 내릴 수는 없소. 이 추운데 노인을 어떻게……."

순이는 군인의 총대를 밀치며 말했습니다. 군인은 신들신들 웃으며 어서 일어나라는 듯이 발을 끌었습니다.

"아무래도 죽을 판이면 우리는 또 추운 데로 나갈 수 없소."
하고 할아버지를 가리고 앉으며 손을 내저었습니다.

군인은 한 번 어깨를 움쭉해 보이며 무엇이라 한참 지껄대니까 선실 안에 가득한 그 나라 사람들은 순이를 바라보며 혹은 웃고, 혹은 가엾다는 듯이 머리를 흔들고 서로 고개를 끄덕이며 중얼중얼했습니다.

순이는 그들의 중얼거리는 말소리에서,

"꺼래이 꺼래이……."

하는 가장 귀익은 단어가 화살같이 두 귀에 꽂히는 것을 느꼈습니다.

꺼래이라는 것은 고려라는 말이니, 즉 조선 사람을 가리키는 것이었습니다. 꺼래이라는 그 귀익고 그리운 소리가 그 때의 순이들에게는 끝없는 분노를 자아내는 말 같았습니다.

우리가 지금 웃음거리가 되어 있는 것이로구나. 추움에 못 이겨, 또 아무 죄도 없이 죽음의 길인지 삶의 길인지도 모르고 무슨 까닭에 꾸벅꾸벅 그들의 명령대로만 따르겠느냐라고 순이는 부르짖었습니다. 그러나 사람들과 군인들은 순이를 무지몰식한 야만인, 그리고 무력하고도 불쌍한 인간들의 표본으로만 보았음인지 웃고, 떠들고 '꺼래이…….' 만을 연발하는 것이었습니다.

그 때까지 웃으며 무엇이라 중얼거리기만 하던 군인 한 사람이 갑자기 정색을 지으며 총대로 순이의 옆구리를 꾹 찌르고 한 손으로 기다랗게 땋아 내린 머리채를 거머잡고,

"쓰카래……."

하고 소리쳤습니다.

이것을 본 순이 어머니는 벌떡 군인의 턱밑에 솟아 일어서며 지금까지 눌러 두었던 분통이 툭 퉁기듯이 군인의 멱살을 잡으려 했습니다.

"여보십시오, 공연히 그러지 마시오. 당신이 여기서 발악을 하면 공연히 우리까지 봉변을 하게 됩니다."

하고 젊은 사나이는 순이의 어머니를 말렸습니다.

그 당장에 자기들의 취할 태도를 얼른 생각해 내지 못하여 눈만 커다랗게 뜨고 있는 것을 보자, 순이도 히스테리 같은 웃음을 꽉 입 안에 깨물며 눈물이 글썽글썽하였습니다.

"할아버지 일어나세요. 아버지의 뼈를 찾지는 못했으나 아버지의 영혼은 고국으로 가셨을 것입니다. 공연히 남의 땅 사람과 발악을 하면

뭣합니까……."

순이도 울고 할아버지, 어머니 모두 주루룩 눈물을 흘리며 그 조그마한 항구에 내렸습니다. 일행 여섯 사람은 또다시 군인을 따라 이윽히 걸어가다가 붉은 기를 꽂은 ×××에 이르렀습니다. 그 곳에 이르니 군인 복색을 한 중국인 같은 사람이 일행을 맞았습니다. 같이 온 군인은 그 곳 군인에게 일행을 맡기고 따뜻해 보이는 벽돌집 안으로 들어갔습니다.

순이들은 이제까지 언어를 통하지 못하여 안타깝던 서러운 생각이 일시에 폭발되어 그 중국 사람 같은 군인의 곁에 따라갔습니다.

"여보십시오……."

순이는 그 군인이 행여나 조선 사람이었으면…… 하는 기대에 숨이 막힐 듯이 군인의 입술을 바라보았습니다.

"왜 이러심둥?"

의외에도 그 군인은 조선 사람, 즉 꺼래이의 한 사람이었습니다. 일행 중 중국 쿨리를 빼고는 모두 너무나 반갑고 기뻐서,

"아이그 ……. 당신 조선 사람이셔요?"

하고는 그 군인의 팔에 매어달리듯 둘러섰습니다.

"네! 나 고려 사람입꼬마."

그 군인은 이렇게 대답하며 순이를 바라보았습니다. 순이는 무슨 말을 먼저 해야 좋을지 몰랐으므로 잠깐 묵묵히 조선말 소리의 반가움을 어찌할 줄 몰랐습니다.

"저 젊은이 당신 남편이요?"

하고 군인은 아무 감동도 없는 무뚝뚝한 표정으로 순이에게 젊은 사나이 둘을 가리켰습니다. 그제야 순이는 오랫동안 잊어버렸던 처녀다운 감정을 느끼며 얼어붙은 얼굴에 잠깐 부끄러운 표정을 지었습니다.

"아니올시다. 이 애는 우리 딸이야요. 이 늙은이는 우리 시아버지랍

니다. 저 젊은이들과 중국 사람은 ×××에서 동행이 된 사람인데 알지도 못하는 사람입니다."

순이의 어머니는 지금까지 같이 온 젊은이들보다 자기들 세 사람을 어떻게 구원해 달라는 듯이 이렇게 말했습니다.

"여기가 어데야요."

순이는 자꾸 바라보는 군인에게 순이는 머뭇거리며 물었습니다.

"영기 말임둥? 영기는 ×××××라 합니!"

"여보시오."

곁에서 젊은 사나이사 가로질러 말을 건네었습니다.

"우리 두 사람은 해삼위(블라디보스토크)에 있는……."

하고 말을 꺼내었으나 그 군인은 들은 척도 아니하고,

"어서 들어갑소. 여기 서서 말하는 것 아닙니!"

하고 일행을 몰아, 마주 보이는 허물어져 가는 흰 벽돌집을 가리켰습니다.

"여보시오. 우리를 또 감금한단 말이오? 우리 두 사람은 '코뮤니스트(공산주의자)'입니다. 우리는 감금받을 이유가 없습니다."

하고 두 젊은이는 버티었으나 군인은 들은 척도 하지 않고 앞서 걸었습니다.

"여보시오, 나으리. 우리 세 사람은 참 억울합니다. 나의 남편이 삼 년 전에 이 땅에 앉아 농사터를 얻어 살았는데 지난 봄에 그만 병으로 죽었구려. 우리 세 사람은 고국서 이 소식을 듣고 셋이 목숨이 끊어질지라도 남편의 해골을 찾아가려고 왔는데 ×××에서 그만 붙잡혀 한 마디 사정 이야기도 하지 못한 채 몇 달을 가두어져 있다가 또 이렇게 여기까지 끌려왔습니다. 어떻게든지 놓아 주시면 남편의 해골을 찾아서 곧 고국으로 돌아가겠습니다."

하고 순이 어머니는 군인에게 애걸을 하듯 빌었습니다.

"여보시오, 나으리. 이 늙은 몸이 죽기 전에 아들의 백골이나마 찾아다 우리 땅에 묻게 해 주시오. 단지 하나뿐인 아들이오. 또 뒤이을 자식이라고는 이 딸년 하나뿐이니 이 일을 어찌하오."

순이의 할아버지도 숨이 막히며 애걸하였습니다.

"당신 아들이 왜 여기 왔음둥?"

군인은 울며 떠는 노인을 차마 밀치지 못하여 발길을 멈추고 물었습니다.

"내…… 후! 우리는 본래는 남부럽지 않게 살았습니다. 내…… 그런데 잘못되어, 있던 토지는 다 남의 손에 가 버리고 먹고 살 길은 없고 하여 삼 년 전에 내 아들이 이 나라에는 돈 없는 사람에게도 토지를 꼭 나누어 준다는 말을 듣고 저 혼자 먼저 왔습지요. 우리 세 식구는 오늘이나 내일이나 하고 우리를 불러들이기만을 바랬더니 지난 봄에 갑자기 죽었다는 소식이 오니……."

노인은 더 말을 계속할 수 없어 그대로 목이 메이고 말았습니다.

군인은 체면으로 고개만 끄덕이더니,

"영기서 말하면 안 되옵니! 어서 들어갑소. 들어가서 말 듣겠으니!"

하고 다시 뚜벅뚜벅 걸어 흰 벽돌집 안에 들어갔습니다.

조금 들어가니 나무로 만든 두꺼운 문이 있는데 그 문에는 참새들의 똥이 말라붙어 있고, 먼지와 말똥, 짚수세 들이 지저분하게 깔려 있어 아무리 보아도 마구간이었습니다. 집 외양은 흰 벽돌이나 그 집의 말 못할 속 치장이 일행을 놀라게 하였습니다.

덜커덕하고 그 나무문이 열리자, 그 안을 한번 바라본 일행은 하마터면 뒤로 넘어질 뻔하였습니다.

그 문 안은 넓이 칠팔 평은 되어 보이는데, 놀라지 마십시오. 그 안에는 하얀 옷 입은 우리 꺼래이들이 방이 터져라고 채워져 있었습니다.

"아이그머니 조선 사람들……."

순이의 세 식구는 자빠지듯 방 안으로 뛰어 들어갔습니다.

"동무들, 방은 잉것 하나뿐입꼬마 비좁더라도 들어가 참소."

맨 나중까지 들어가지 않고 버티고 섰는 젊은 사나이 한 사람의 등을 밀어넣고 덜커덕 문을 잠그고 군인은 뚜벅뚜벅 가 버렸습니다.

순이들은 잠깐 정신을 차려 방 안을 살펴보니 전날에는 부엌으로 쓰던 곳인지 한쪽 벽에 잇대어 솥 걸던 부뚜막 자리가 있고, 그 곁에 부시기 물통이 놓여 있으며, 좁다란 송판을 엉금엉금 걸쳐 공중 침대를 만들어 두었습니다. 그 공중 침대 위에는 빽빽하게 백의 동포가 딸래장자의 상자 속같이 옹기종기 올라앉아 있었습니다.

좌우간 앉아나 보려 했으나 가뜩이나 비좁은 터에 또 여섯 사람이나 새로 들어앉을 자리가 있을 리가 없었습니다.

땅바닥에라도 앉으려 했으나 대소변이 질벅하여 발붙일 곳도 없었습니다.

문이라고는 들어온 나무문과 그 문과 마주 보는 편에 커다란 쇠창살을 박은 겹 유리문이 하나 있을 뿐이었습니다. 그 쇠창살도 부러지고 구부러지고 하여 더욱 그 방의 살풍경을 나타냈습니다.

"어찌겠소 양? 여기 좀 앉소. 우리도 다! 이럴 줄 모르고 왔었꽁이."

함경도 사투리로 두 눈에 눈물을 흠뻑 모으며 목메인 소리로 겨우 자리를 비집어 내며 한 노파가 말했습니다.

가뜩이나 기름을 짜는 판에 새로 온 일행이 덧붙이기를 해 놓으니 먼저 온 그들에게는 그리 반가울 것이 없으련마는 그래도 그들은 방이야 터져 나가든 말든 정답게 맞아 주며 갖은 이야기를 다 묻고 또 자기네들 신세타령도 하였습니다. 그래서 어떻게 빈줄러 내었는지 순이의 세 식구와 젊은 사나이 둘은 올라앉게 되었는데 이불을 멘 중국 쿨리는 그때까지 자리를 얻지 못하고, 아니 자리를 빈줄러 낼 때마다 뒤에 선 젊은 사나이들에게 양보하고 맨 나중까지 우두커니 서서 자기도 내어 주기를 기다리고 있었습니다. 순이들은 그래도 동포들의 몸과 몸에서 새어 나오는 훈기에 몸이 녹기 시작하자, 노곤하니 정신이 황홀해지며 따뜻한 그리운 고향에나 돌아온 것같이 힘이 났습니다.

"저! 뙤놈은 앉을 자리가 없나? 왜 저렇게 말뚝 모양으로 서 있기만 해……."

하며 고개를 드는 노파의 말소리에 순이는 놀란 듯이 돌아보았습니다. 그 때까지 쿨리는 이불을 멘 채 서 있었습니다.

순이는 갑판 위에서 이불을 노나 덮던 그 때의 쿨리의 울며 순종하던 얼굴을 생각해 보았습니다. 능히 자기가 앉을 수 있었던 자리를 조선 청년에게 양보해 준 그의 마음 속이 가엾었습니다. 쿨리가 자리를 물려준 그 마음은 도덕적 예의에 따른 것이 아님은 뻔히 아는 일이었습니다. 그 자리에 자기와 같은 중국 사람이 하나라도 끼여 있었더면 그는 그렇게 서 있지는 않았을 것입니다.

그 때의 쿨리의 심정은 꺼래이로 태어난 이들에게는, 아니 더구나 보드라운 감정을 가진 처녀 순이는 남 몇 배 잘 살펴볼 수 있었습니다. 순이는 가슴이 찌르르해지며 벌떡 일어나 그 나무문을 두들기기 시작했습니다. 이윽히 두들겨도 아무 반응이 없으므로 그는 얼어터진 손으로는 더 두들길 수가 없어 한편 신짝을 집어 힘껏 문을 두들겼습니다.

"왜 두들기오. 안 옵누마."

하며 방 안의 사람들은 자꾸 말렸습니다.

그러나 순이는 자꾸만 두들겼더니 갑자기 문이 덜커덕 열렸습니다. 순이는 더 두들기려고 을러메었던 신짝을 그대로 발에 꿰어 신으며 바라보니 아까 그 조선 사람 군인이 서 있었습니다.

"어째 불렀음둥?"

하며 퉁명스럽게, 그러나 두들긴 사람이 순이였음에 얼마만치 부드러워지며 물었습니다.

"이것 보셔요. 이렇게 좁은 자리에 어떻게 이 많은 사람이 앉을 수 있어요. 아무리 앉어 봐두 다는 앉을 수가 없습니다. 다른 방으로 나누어 주든지 어떻게 해 주세요."

하고 얼굴이 붉어지며 서 있는 쿨리를 가리켰습니다. 군인은 고국 말씨를 잘 못 알아듣겠다는 듯이 자세히 귀를 기울이고 있더니,

"동무 말소리 잘 모르겠었꼬마, 무시기 말임둥. 앉을 재리가 배잡단 말입꼬이?"

하고 말했습니다. 순이는 기가 막혔습니다.

"참 어이없는 조선 동포시구려!"

김빠진 비루(맥주)같이 순이의 입 안이 민민하여졌습니다. 그 때 노파의 손자인 듯한 소년 하나가 하하 웃으며 뛰어나와,

"예! 예! 그렇섯꼬이."

하며 순이를 대신하여 군인에게 대답하였습니다.

군인은 고개를 끄덕끄덕하며 두 손을 펴고 어깨를 웃쭉해 보이며,

"할 쉬 없었꼬마, 방이 이것뿐입꼬마."

하고는 문을 닫아 버리려 했습니다. 순이는 와락 군인의 팔을 잡으며,

"한 시간, 두 시간이 아니고 오늘 밤을 이대로 둔다면 어떻게 하란 말이여요. 상관에게 말해서 좀 구처해 주시오."

하고 말했습니다. 군인은 휙 돌아서며,

"동무들, 내가 뭐를 알 쉬 있음둥? 저어 우에서 하는 명령대로 영기는 그대로만 합꾸마. 나는 모르겠꿍이."

하고는 덜컥 그 문을 잠그려 했으나 순이는 한결같이 잠그려는 그 문을 떠밀며,

"여보세요. 이대로는 안 됩니다. 무슨 죄야요. 글쎄 무슨 죄들인가요. 왜 우리들, 죄없는 우리를 이런 고생을 시킵니까. 다 같은 조선 사람인 당신이 모르겠다면 우리는 어떻게 하란 말이여요."

군인은 난감하다는 듯이 다시 고개를 문 안으로 들이밀며,

"글쎄 동무들이 무슨 죄 있어 이라는 줄 압꽁이? 다 같은 조선 사람이라도 저 우에 있는 사람들은 맘이 곱지 못하옵니. 나도 동무들같이 욕본 때 있었꼬마. ××에 친한 동무 없음둥? 있거든 쇠줄글(전보)해서 ×××에게 청을 하면 되오리……."

하고 이제는 아주 잠가 버리려 했습니다.

"아니, 보십시오, 그러면 미안합니다마는 전보 한 장 쳐 주시겠습니까?"

이제까지 잠잠히 앉았던 젊은 사나이 둘은 무슨 의논을 하였는지 군인에게 이렇게 말했습니다.

"무시기?"

군인은 젊은 사나이의 말을 알아듣지 못하고 재쳐 물었습니다.

"전보 말이오. 전보 한 장 쳐 달라 말이오."

하고 젊은 사나이가 대답하려는 것을 노파의 손자인 소년이 또 하하 웃으며,

"안입꼬나 쇠줄글 말입니……."

하고 설명을 하였습니다.

"아아! 쇠줄글 말임둥, 내 놓아 드리겠꽁이."

하며 사나이들에게 연필과 종이를 내주더니,

"동무 둘은 이리 잠깐 나오오."

하며 두 사나이를 문 밖으로 데리고 나가 버렸습니다.

순이는 어이없이 서 있다가 문턱에 송판 한 조각이 놓인 것을 집어들고 문 앞을 떠났습니다. 그 송판을 솥 걸었던 자리에 걸쳐 놓고 그 위에 올라 앉으며 그 때까지 그대로 서 있는 쿨리를 향하여,

"거기 앉아……."

하며 자기가 앉았던 자리를 가리켰습니다.

"아! 이 떼놈을 그리로 보냄새, 당신이 이리로 오소."

방 안 사람들은 모두 순이를 침대 위로 오라고 하였습니다. 쿨리는 그 눈치를 차렸는지 순이의 자리에 앉으려던 궁둥이를 얼른 들며 손으로 순이를 내려오라고 하며 부뚜막 위로 올라앉았습니다.

그의 눈에는 눈물이 핑 돌며,

"스파시이보 제브슈까."

하였습니다.

'아가씨 고맙습니다' 라는 뜻인가 보다고 생각하며 순이는 침대 위로 올라앉았습니다. 쿨리는 짐 뭉치 속에서 어느 때부터 감추어 두었던지 새카맣게 된 빵 뭉치를 끄집어내어 한 귀퉁이 뚝 떼더니 순이 앞에 쑥 내밀었습니다. 쿨리의 얼굴은 눈물과 땟물이 겔겔 흐르고 손은 새카맣게 때가 눌어붙어 기다란 손톱 밑에는 먼지가 꼭꼭 차 있었습니다.

"꾸 쉬 꾸 쉬."

한 손에 든 빵쪽을 뭉텅뭉텅 베어먹으며 자꾸 순이에게 먹으라고 했습니다. 순이의 눈에 눈물이 고여지며 그 빵쪽을 받아들었습니다.

"고맙소……."

하고 머리를 끄덕여 보이며 급히 한 입 물어뜯으려 했으나 이미 하루 반 동안을 물 한 모금 먹지 않은 할아버지, 어머니가 곁에 있었습니다.

순이는 입으로 가져가던 손을 얼른 머무르며 할아버지에게,

"시장하신데 이것이라두……."

하며 권했습니다.

"이리 다고 보자."

순이 어머니는 그제야 수건을 벗고 빵쪽을 받아 한복판을 뚝 잘라,

"이것은 네가 먹어라. 안 먹으면 안 된다."

하고는 또 한 쪽을 할아버지께 드렸습니다.

할아버지는 남 보기에 목이 막힐까 염려가 될 만치 인사 체면 없이

빵을 베어먹었습니다.

"싫어, 난 먹지 않을 테야."

"왜 이래, 너 먹어라."

하고 순이 모녀는 한참 다투다가 결국 절반으로 떼어 한 토막씩 먹게 되었습니다마는 온 방안 사람이 빵 먹는 사람들의 입을 물끄러미 바라보고 있는 것이었으므로 순이는 차마 먹을 수가 없었습니다. 부뚜막 위에서 내려다보고 앉았던 쿨리는 자기가 먹던 빵을 또 절반 떼어,

"순이 너는 이것 더 먹어라."

라고나 하듯이 순이에게 주었습니다.

순이는 얼른 손이 나가다가 문득 생각났습니다. 자기들은 중국 사람이라고 자리조차 내어 주지 않던 것이……. 그러나 이미 주린 순이는 두 번째 빵쪽을 받아 쥐고 있었습니다.

방 안의 사람들은 모두 세 집 식구로 나위어 있는데 도합 열아홉이었습니다. 늙은이, 노파, 젊은 부부, 총각, 처녀들이었습니다. 그들이 순이 모녀를 붙들고 하는 이야기를 들으면 모두 함경도 사람들이며 고국에는 바늘 한 개 꽂을 만한 자기들 소유의 토지라고는 없는 신세라, 공으로 넓은 땅을 떼어 농사하라고 준다는 그 나라로 찾아온 것이었는데, 국경을 넘어서자 ×××에게 붙들려 순이들처럼 감금을 당했다가 이리로 끌려왔다는 것이었습니다.

"이 땅에는 돈 없는 사람 살기 좋다고 해서 이렇게 남부여대*로 와 놓고 보니 이 지경입꾸마. 굶으나 죽으나 고국에 있었드면 이런 고생은 안 할 것을……."

젊은 여인 하나가 이렇게 한탄했습니다.

---

* 남부여대(男負女戴) 남자는 지고 여자는 인다는 뜻으로, 가난한 사람들이 살 곳을 찾아 이리저리 떠돌아다님을 비유적으로 이르는 말.

"우리는 몇 번이나 재판을 했으니 또 한 번만 더하면 뉘우게 되어 땅을 얻어 농사를 하게 되든지 다시 이대로 국경으로 쫓아내든지 한답네!"

속옷을 풀어 젖히고 이를 잡기 시작한 노파가 말했습니다.

"우리가 무슨 죄일꼬……. 농사 짓는 땅을 공띠어 준다길래 왔지……."

늙은이 하나가 끙끙 앓으며 이를 갈듯이 말하자,

"참말 그저 땅을 띠어 준답두마. 우리는 바로 국경에서 붙들렸으니까 ××탐정꾼들인가 해서 이렇게 가두어 둔 거지!"

하고 늙은이의 아들인 성한 사나이가 말했습니다.

"아이구, 말 맙소. 아무래도 우리 내지 땅이 좋습두마, 여기 오니 '얼마우자' 미워서 살겠습디?"

하고 사나이는 반박하였습니다.

'얼마우자' 이것은 조선을 떠나온 지 몇 대나 되는 이 나라에 귀화한 사람들을 이르는 말이니, 그들은 조선 사람이면서도 조선말을 변변히 할 줄 모르는 것이었습니다. 분명한 '마우자(러시아 인을 이르는 말)' 도 되지 못한 '얼'인 '마우자'란 뜻이었습니다.

"못난 사람을 얼간이라는 말과 같구려."

하고 순이 어머니가 오래간만에 웃었습니다.

"아까 그 군인도 역시 얼마우자로구먼."

하고 순이가 중얼거렸습니다.

이 말을 들은 노파의 손자는 또 깔깔 웃었습니다.

"아이구, 어찌겠니야. 여기서 땅을 안 떼어 주면 우리는 어찌겠 니……."

노파는 웃을 때가 아니라는 듯이 걱정을 내놓았습니다.

"설마 죽겠소, 국경 밖으로 쫓아내면 또 한 번 몰래 들어옵지요. 또 붙들려 쫓아내면 또 들어오고, 쫓아내면 또 들어오고, 끝내 가면 뉘가 못 이기는기강 해 봅지요. 고향에 돌아간들 발 붙일 곳이라고는 땅 한 쪼박 없지, 어떻게 살겠습니……."

자기가 먼저 설두를 하여 데리고 온 듯한 사나이가 이렇게 말햇습니다.

"아이고, 듣기 싫소, 이놈의 땅에 와서 이 고생이 뭣고……, 글쎄."

"아따 참, 몇 번 쫓겨나도 나중에는 이 땅에 와서 사오 일 가리쯤 땅을 얻어 놓거던 봅소."

"아이구……, 어쩌겠느냐……."

노파는 자꾸 제대로 신음만 하였습니다.

한시도 못 참을 것 같은 그 방 안의 생활도 벌써 일 주일이 계속되었습니다. 아침에는 일찍 일어나 일제히 밖으로 나아가 세수를 시키우고, 저녁에는 한 번씩 불리어 나가 대소변을 보게 하는 것이었습니다. 일정한 변소도 없이 광막한 벌판에서 제 맘대로 대소변을 보게 하는 것이었습니다.

하루는 역시 대소변 시간에 순이는 대소변이 마렵지 않아 혼자 방 안에 남아 있다가 쓸쓸하여 밖으로 나갔습니다.

그 날 밤은 보름이었던지 퍽이나 크고도 둥근 달이었습니다. 시베리아다운 넓은 벌판. 이곳 저곳서 모두들 뒤를 보고 있고, 군인 한 사람이 총을 집고 파수를 보고 있었습니다. 물끄러미 뒤보는 사람들을 바라보며 서 있는 순이에게 파수병이 수작을 붙였습니다.

"저 달님이 퍽이나 아름답지?"

라고나 하는지 정답게 제 나라 말로 순이의 곁에 다가섰습니다.

순이는 웬일인지 그 나라 군인들이 겁나지 않았습니다. 총만 가지지 않았으면 맘대로 친하여질 수 있는 정답고 어리석고 우둔스런 사람들 같게 느꼈습니다.

"……."

순이도 언어가 통하지 않으므로 말은 할 수 없고 하여 달을 가리키고 뒤보는 사람들을 가리킨 후 한 번 웃어 보였습니다.

군인은 아주 정다웁게 나직이 웃고 입술을 닫은 채 팔을 와락 들어 달을 가리키고 순이의 얼굴을 가리키고 난 후 싱긋 웃고 순이를 와락 껴안으려 했습니다. 순이는 깜짝 놀아 휙 돌아서 방 안을 향하여 달음질쳤습니다. 군인은 순이를 붙들려고 조금 따라오다가 마침 뒤를 다 본 사람이 서 있는 것을 보고 그대로 서 있었습니다.

그 이튿날이었습니다. 아침에 식료를 가지고 온 군인의 얼굴이 전날과 달랐으므로, 순이는 자세히 바라보니 그는 훨씬 큰 키와 하얀 얼굴과 큼직하고 귀염성 있는 눈을 가진 젊은 군인이었습니다.

"어젯저녁 파수 보던 그 군인……."

순이는 속으로 말해 보며 얼른 고개를 돌리려 했습니다. 군인은 싱긋 웃어 보이며 그대로 나갔습니다.

그 날 하루가 덧없이 지나간 후 또 대소변 보는 시간이 되었습니다. 공연히 순이는 가슴이 울렁거려 문을 꼭 닫고 방 안에 남아 있었습니다. 이윽고 뒤를 다 본 사람들이 돌아오자 문을 잠그러 온 군인은 역시 그 젊은 군인이었습니다. 순이는 가만히 구부러진 쇠창살을 휘어잡고 달 밝은 시베리아 벌판의 한쪽을 내다보고 있었습니다.

"아이고, 어찌겠느냐!"

노파는 밤이나 낮이나 이렇게 애호하며 늙은이는 끙끙 신음을 시작하였습니다. 언제나 밤이 되면 일층 더 심하게 안타까워하는 그들이었습니다. 젊은 내외는 트집거리고 여기저기서 신음 소리에 순이의 가슴은 더욱 설레어 적막한 광야의 밤을 홀로 지키듯 잠 못 들어했습니다.

그 이튿날 아침 일찍 웬일인지 군인 두 사람이 들어와서 먼저 있던 여러 사람을 짐하나 남기지 않게 죄다 데리고 나갔습니다.

"아이고, 우리는 또 국경 밖으로 쫓겨나는구마. 그렇지 않으면 왜 이렇게 일즉 불러내겠느냐?"

노파는 벌써 동당발을 구르며,

"아이구 아이구, 어찌겠느냐?"
라고만 소리쳤습니다.

방 안에는 순이들 세 식구만 남아 있고 그 외는 다 불리어 갔습니다.

갑자기 방 안이 텅 비어지니 쌀쌀한 바람결이 쇠창살을 흔들며 그 방을 얼음 무덤같이 적막하게 하였습니다. 세 식구는 창 앞에 가 모여앉아 장차 자기들 위에 내려질 운명을 예상하고 묵묵히 앉아 있었습니다.

그 때, 한 떼의 사람들이 일렬로 늘어서서 앞뒤로 말을 탄 군인을 세우고 건너편 벌판을 걸어가는 것이 보였습니다.

"어찌겠느냐, 어디를 갑누마……."

노파의 귀익은 애호성이 화살같이 날아와 순이의 세 식구가 내다보는 창을 두들겼습니다.

'이리에게 잡혀가는 목자 잃은 양 떼와도 같이, 헤매어 넘어온 국경의 험악한 길을 다시금 쫓겨 넘는 가엾은 흰옷의 꺼래이 떼……'

눈물이 좌르륵 흘러내리는 순이의 눈에 꼬챙이로 벽에 이렇게 새겨져 있는 것이 보였습니다.

'이 몸도 꺼래이니 면할 줄이 있으랴.'

바로 그 곁에 또 이렇게 쓰여 있었습니다. 순이도 무엇이라고 새겨보고 싶었으나 자꾸 눈물이 났습니다.

'아버지, 아버지는 왜 이 땅에 오셨습니까. 따뜻한 우리 집을 버리시고……. 할아버지와 어머니와 이 딸은 아버지의 해골조차 모셔가지 못하옵고 이 지경에 빠졌습니다. 아버지의 영혼만은 고향집에 가옵소. 순이.'
라고 눈물을 닦으며 손톱으로 새겼습니다.

그 날 해도 애처로이 서산을 넘고, 그 키 큰 젊은 군인이 문을 열어주어도 세 식구는 뒤보러 나갈 생각도 하지 않고 울었습니다.

그렇게 몇 날을 지난 이른 아침이었습니다. 순이 세 식구는 또 밖으로 불리어 나갔습니다. 나가는 문턱에서 그 키 큰 군인이 아무 말 없이 검은 무명으로 지은 헌 덧저고리 세 개를 가지고 차례로 한 개씩 등을 덮어 주었습니다.

"추운데 이것을 입고라야 먼 길을 갈 것이오. 이것은 내가 입던 헌 것이니 사양 말아라."

하고 치어다보는 순이들에게 힘없는 정다운 눈으로 무엇이라 말했습니다.

"감사합니다."

순이들은 치하했으나 군인은 그대로 입을 다물고 순이의 등만 툭 쳤습니다. 비록 낡은 덧저고리였으나 순이들은 고향을 떠난 후 처음 맛보는 인정이었습니다. 넓은 마당에 나서자 안장을 지은 두 마리의 말이 고삐를 올리고 처음 보던 조선 군인이 손에 헌 종이쪽을 쥐고 서서,

"동무들 할 수 없었고마. 국경으로 가라합니……."

하고는 할아버지부터 차례로 악수를 해 준 후,

"잘 갑소………."

라고 최후 하직을 했습니다. 순이들이 아버지의 백골을 찾아가게 해 달라고 아무리 애걸했으나 다시 무슨 효험이 있을 리 만무했습니다.

"자! 갑누마, 잘 갑소."

그 '얼마우자' 군인도 처량한 얼굴로 길을 재촉하자, 두 사람의 군인이 총을 둘러메고 말 위에 올랐습니다. 그 중에 한 사람은 그 키 큰 젊은 군인이었습니다.

황량한 시베리아 벌판. 그 냉혹한 찬바람에 시달리며 세 사람은 추방의 길에 올랐습니다. 벌판을 지나 산등도 넘고, 얼음길도 건너며, 눈구덩이도 휘어 가며, 두 군인의 말고삐 소리를 가슴 위로 들으며, 걷고 걸었습니다. 쫓기어 가는 가엾은 무리들의 걸어간 자취 위에 다시 발을 옮겨 디딜 때, 자국마다 피눈물이 고여 있었습니다.

말등 위에 높이 앉은 군인 두 사람은 높이높이 목을 빼어 유유하게 노래를 불러, 그 노랫소리는 찬 벌판을 지나 산 너머로 사라지며 쫓겨 다니는 무리들을 조상하는 것 같았습니다. 이따금 추움과 피로에 발길을 멈추는 세 사람을 군인은 내려다보고 다섯 손가락을 펴 보였습니다. 아직 오십 로리* 남았다는 뜻이었습니다.

한 떼의 싸리나무* 울창한 산길을 지날 때 어느덧 산 그림자는 두꺼워지며 애끊는 시베리아의 석양이었습니다. 어머니와 순이에게 양팔을 부축받은 할아버지가 문득 발길을 멈추더니 아무 소리 없이 스르르 쓰러졌습니다.

"할아버지! 할아버지!"

"아버님! 아버님."

부르는 소리는 산등성이를 울렸으나 할아버지는 대답이 없었습니다.

말에서 내린 군인들은 할아버지를 주무르고 일으키고 해 보며 이윽히 애를 쓴 후, 입맛을 다시고 일어서 모자를 벗고 잠깐 묵도를 하였습니다. 키 큰 군인은 다시 모자를 쓴 후,

"순이!"

하고 부른 후, 이미 시체가 된 할아버지 목을 안고 부르짖는 순이의 어깨를 가만히 쓰다듬었습니다.

그 때 천군만마같이 시베리아 넓은 벌판을 제 맘대로 달려온 바람결이 쐐! 싸리 숲을 흔들며,

"순이야, 울지 말고 일어서라."

하고 명령하듯 소리를 쳤습니다.

싸리나무

* 로리　'노리(露里)'의 북한말. '노리'란 러시아에서 거리를 나타
　내는 데 사용하는 단위로, 1노리는 1,066미터에 해당함.
* 싸리나무　콩과의 갈잎 떨기나무. 산지에서 나며, 잎은 세 잎이 나
　오고 한여름에 짙은 자주색이나 홍자색 꽃이 달린다.

혼명에서

1. 귀먹은 자의 정적에서 외우는 독백

1

S!

이 어인 까닭일까요! 왜 이다지도 고요합니까?

깊고 깊은 동혈의 속과 같이 어지간히도 고요합니다. 참으로 이상한 밤이었어요. 마을을 한참 떠난 들 복판에 외로이 서 있는 이 집인 까닭에 이렇게도 고요함일까요.

그러나 지금은 겨울이 아닙니까! 멀리서 달려오는 북쪽의 난폭한 바람이 아무 거칠 것이라곤 하나도 없이 제 마음대로 이 들판에서 천군만마같이 고함을 치고 이 집의 수많은 유리창문과 뼈만 남은 나뭇가지를 마구 쥐어 흔들어 놓아 시끄럽고, 요란하기 끝이 없게 할 때입니다.

그런데 왜 이다지도 고요할까! 일순간 사이에 땅덩이가 깊은 바닷속에 가라앉아 버린 듯합니다. 모든 움직임과 음향이 딱 정지되어 버린 듯도 합니다.

S!

이제 금방 어머니 방에서 어머니가 편안히 잠드시라고 〈보문품경〉을 나즉나즉 읽어 드려 겨우 잠이 드신 듯하여 살며시 내 방으로 들어왔습니다. 내 방문을 무심코 한 걸음 들어서자 두 눈은 부신 듯하였어요. 방 안에 얌전스리 나래를 편 듯 깔려 있는 침구가 무척도 찬란한 색깔이었던 탓인지요…….

이렇게 호사스런 침구가 나에게 무슨 관계를 가졌단 말입니까! 다만 내가 본래부터 좋아하는 백합화를 하얗게 문채 놓은 새빨간 자주색 이불일 따름입니다.

머리맡에 놓인 등롱형 전기 스탠드에는 파란 전구가 끼워져 있고, 그 곁에 오늘 신문이 얌전스레 놓였고, 작은 둥근 상에는 약병과 물주전자, 드롭스 통이 담겨 있으며, 창에는 빈틈없이 커튼이 내려져 아늑한 방 안의 분위기가 나를 끌어안아 주는 듯 느끼어졌습니다.

대체 누구가 내 침방을 이렇게 치장하여 주었을까요. 어느 편을 돌려 보든지 모두가 마음 편히 잘 자도록 정성을 들여 놓았음을 알 수가 있습니다. 이것은 나의 언니가 나 모르는 사이에 꾸며 놓은 것임에 틀림없겠지요. 아침에 내가 이 방을 나갈 때는 신문, 잡지, 서적 등이 자욱이 흩어져 있었고 병원의 입원실같이, 하얀 이불이 아랫목에 헝클어져 있었던 것입니다.

언니가 나에게 표하는 정성이 오늘에서 비롯함은 아니나, 왜 그런지 이 밤에는 새삼스럽게 언니에게 대한 감사의 염이 가슴에 찼습니다. 곁에 있었으면 한 마디 인사라도 하고 싶었습니다.

이제까지는 구태여 언니뿐만이 아니라 집안 사람들 중 누구에게든지 아무런 정성을 받아도 입에 내어 감사하다고 해 본 적이라고는 없었어요. 물론 마음 속까지 느낄 줄 모르는 바는 아니지마는 입 밖에까지 내어 표현하기가 싫었던 것입니다. 이것은 나의 무뚝뚝한 성격인지는 모릅니다.

그러나 이것을 단순히 나의 성격이라고만 돌리고 말 수는 없어요. 왜 그러냐 하면 나는 그들에게 감사를 느끼기 바로 직전의 순간에는 마치 무거운 쇠줄에 동여매이는 것 같은 압박을 느끼는 것이랍니다. 그들에게 무엇 하나라도 보람될 것이라고는 가지지 못한 나이기 때문에…….
아니, 항상 그렇습니다, 항상 항상 나는 그들이 나에게 바라고 있는 바를 기어이 배반하여 버리려고, 아니 배반하고 말리라, 배반하여 버리지 않고는 안 될 일이라고 생각하고 있는 악마이었기 때문입니다.

그러므로 그들의 정성은 나에게 고통입니다. 내가 그들에게 바라는 것은 오로지 압박, 천대, 그리고 축출 이것이었어요. 그러면 나는 얼마나 마음이 자유롭고 얼마나 용감해질 수 있으리…….

그들의 지극한 은애는 나에게서 용기와 자유를 고살시킬 뿐입니다.

S!

나는, 나라는 인간은 무엇이라고 정의를 붙여야 좋을 인간일까요.

나는 가족들의 정성을, 아니 그보다 어느 때든지 그들을 배반하고야 말 인간임을 확실히 자인하면서도 그들의 사랑을 배반할 수 없으며, 나에게 이 고통을 주는 가족을 미워하여야 될 것으로되 그 반대로 지극히 사랑합니다.

왜? 나는 내 사랑하는 가족들을 기쁘게 해 주며, 그들이 원하는 딸이 되지 못합니까!

왜? 나는 기어이 배반하고야 말 인간이거든 그들의 사랑과 정성에 무엇 까닭에 감격합니까? 감격할 뿐만 아니라 그들에게 보답하기 위하여 이 생명이라도 바쳐 버리고 싶을 때가 있습니다!

왜? 나는 그들을 배반할 것을 단념하지 못하며, 왜 또 기어이 배반해 보겠다고도 하는 것일까요!

S!

나는 모르겠어요! 나는 모릅니다. 나는 약한 자일까요? 너무나 강한 자일까요!

S!

나는 이 방으로 들어오기 조금 전부터 고질인 위병이 아프기 시작하였던 것입니다. 지금 나는 차차 아파 오는 도수가 높아 가고 있으므로 그것을 참으려고 애씁니다. 팔짱을 끼고 아래턱을 가슴으로 파묻듯이 하며 이 호사스런 이불 위에 가서 정중스럽게 꿇어앉았습니다. 고도로 쫓겨가는 배 위에 서 있는 나폴레옹같이 침통한 포즈입니다. 묵묵히! 묵묵히! 이슥토록 그 파란 전기 스탠드를 바라보고 있었습니다.

S!

이 때였어요, 바로 이 때, 어느 때부터 시작되었던 느낌인지는 모르나 문득,

'아! 무척도 고요하다, 왜 이다지도 고요할까! 어인 까닭에 이 밤이 이다지도 고요할까!'

라고 느꼈던 것입니다. 그리고 또 멀고 먼 거친 타향에서 오랫동안 그리워하던 고향집 안방 안에 이제 금방 들어와 앉은 듯이 그 고요함이 그립고도 정답게 느껴졌어요.

S!

S와 서로 떠난 이후 오늘까지 늘 나는 이러한 시간을 가지기를 원했습니다.

모든 음향과 움직임이 없는 터럭끝만치라도 외계의 구애가 없는 그러한 묵적 한가운데다 내 자신을 앉힌 후 고요히 침착하게 냉정하게 진실한 나라는 것을 집어 내어 과거와 현재 미래에 있어서의 나라는 것을 똑바로 바라보며 차곡차곡 검토해 보며, 나라는 인간이 어떠한 것이며 어떻게 살아가야 되는 것인가를 알아 내려고 생각해 왔던 것입니다.

그러나 이제 의외에도 그러한 시간이 이 곳에서 나를 맞아 줄 줄은 생각하여 보지도 않았던 까닭에 도리어 한참 동안 무아몽중으로 앉아 있었을 뿐이었어요!

이 동안에 시간은 제 갈 길을 얼마나 갔는지 모릅니다. 정적은 일각 일각으로 굳세인 박력을 가하여 가며 더욱더욱 적막하여 가는 그 가운데서 나는 즐기는 듯, 도취하듯 묵연히 앉아 있을 뿐입니다.

이렇게 하여 또 얼마나 시간이 흘러 갔는지……. 깊은 나락에서 울려 오는 듯이 '당' 하고 시계가 한 시를 쳤습니다. 그러고도 또 얼마간을 그대로 앉아 있었어요. 아무것도 생각하는 것도 없었고, 이러한 시간을 가지면 하려고 하던 모든 플랜도 다 잊어버린 듯하였습니다.

마는 —— 내 신경의 어느 일부는 눈이 빙빙 돌아갈 만큼 맹렬한 활동을 개시하고 있었던 것 같기도 합니다.

아파 가는 도수가 자꾸자꾸 높아 가던 나의 위병은 어느 때부터 사라져 버렸는지 내 마음과 몸은 남김없이 외계의 정적 속에 동화되어 고요한 호수같이 잠잠하여졌음을 느꼈습니다.

'아!'

이 신기한 이 밤의 정적은 마침내 '나'에게 '나'를 가져다 주었어요.

거짓과 갈등과 괴롬에 고달파진 나는 세상이 시끄러움 속에서 혼명하여서 '나'까지 잊어버리고 내가 남인지 남이 나인지도 모르고 살아왔던가 봐요.

나는 나 같은 약한 자인지 지극히 강한 자인지 스스로 구별할 수 없는 인간이기 때문에 세상의 시끄러움이 참을 수 없게 저주스러웠어요.

아무 시끄러움이 없는 고요한 가운데서 차근차근 내 모양을 바라보기 원했어요! 눈멀고 귀먹은 자의 정적을 원하였던 것입니다.

'아!'

과연 내 원하던 귀먹은 자의 정적은 틀림없이도 이제 거짓과 괴롬과 갈등에 낡아진 때묻은 옷을 활짝 벗겨 가지고 새빨간 내 마음을 내 가슴 위에 던져 보냈습니다.

S!

나는 지금 잃어버렸던 나를 굳게 찾아 안고 울어야 옳을지 기뻐해야 옳을지 모르겠어요. 지금의 나를 누구에게나 보이고 싶으고 말하고 싶습니다. 입을 열기 싫어하고 남을 대하기 싫어하던 그 우울이 지금의 나에게서 떠나가 버렸는가 합니다.

S!

문득 S의 얼굴이 떠오릅니다. 누구의 얼굴보다도 명확하게 내 마음 가운데 떠오릅니다. 당신의 이름을 가만히 입 안에 돌려 보니 갑자기 당신에게로 달려가고 싶었습니다. 나는 나도 모르게 벌떡 일어섰어요.

그리고 다음 순간 달음박질하려는 내 마음을 바보처럼 모르는 척, 그대로 멈추어서 생각난 듯이 옷을 활활 벗어 버리고 잠옷으로 갈아입었던 것입니다. 그리고 이불 위에 쫙 뻗고 드러누워 천장을 바라봅니다.

왜 구태여 이 때의 내 마음 속에 당신의 얼굴이 뚜렷이 떠올랐을까요! 그 크고 빛나던 불 같은 두 눈과 분명한 윤곽의 당신의 얼굴이 왜 그다지도 명확하게 떠올랐을까요!

S!

그에 대한 설명은 한 가지 두 가지로 간단하게 설명할 수 없는 것인 줄, 오직 당신만은 아시리라.

2

S!

당신과 내가 서로 알게 되고 또 서로 몇 차례 만나게 된 것과 속깊은 이야기를 나누게 된 것이 모두 우연이었습니다. 정말 이상스런 신기한 우연이었어요. 당신이 내가 있는 이 땅으로 여행하게 된 이유는 그만두더라도 한 발자국 이 땅 위에 내려놓자 실로 우연히 당신의 옛 친구이었던 김을 만났던 것이 아닙니까?

그래서 김과 서로 반가운 동행이 되어 경부선 기차에 올랐던 것이었지요. 김은 당신과의 옛 우정을 위하여 신라 고도로 안내하게 되어 K역에 내린 것이었습니다. 그리하여 경주행 기차에 바꾸어 타자 김은 또 하나의 옛 친구를 만났던 것입니다. 역시 아무 뜻하지 않은 우연으로 당신과 김이 단순한 옛 친구가 아니며 죽음과 삶을 함께 하였던 동지였다고 한다면, 이제 또 한 사람 만난 친구 역시 김에게 있어서의 옛 동지였습니다.

이 새로 나타난 친구와 당신과는 미지의 사이였으나 김을 중심으로 하여 세 친구는 삽시간에 동화되고 말았지요. 이 새로 나타난 친구! 그 사람이 바로 '나' 이었지요.

S!

나는 우연히 생각 밖의 친구 김을 만난 것이 기뻤으며 더구나 당신을! 첫말부터 나에게 깊은 감명을 주는 당신을 알게 된 것이 기뻤습니다.

"어데를 가는 길이오?"

김은 나에게 물었습니다.

"우리가 떠난 지 십여 년 만에 우연히 이렇게 만나는 것이니 관계되는 일이 없거든 함께 경주 구경합시다."

라고 그 때 김은 옛날이나 다름없이 이러한 말을 하였지요.

나는 더 무엇을 생각할 여유가 없이,

"갑시다. 나도 함께 가겠어요!"

라고 즉답을 하였던 것입니다. 그리하여 우리는 즐겁게 회고담을 주고받으며 기차가 어디를 향하여 달려가고 있는가는 생각조차 해 볼 여가가 없었어요.

이윽히 이야기에 꽃을 피운 후 나는 문득 이러한 생각이 났습니다.

'대체 내가 이 기차에 어떻게 하여 오르게 되었던가, 어디로 가려던 것인가! 이렇게 아무리 옛 친구라고는 하나, 함께 아무 예상도 준비도 없이 여행을 함이 옳은 일이라고 할 수 없는 것이다. 옛날에 아무리 긴절한 동지였다고는 하지마는 오늘은 피차 체면과 예의를 채려야 할 터이 아닐까! 더구나 내가 너무나 기분에 도취되어 여인다운 체면을 잃은 것이 아닐까!'

내가 그 기차에 타게 된 이유는 혼란해서였습니다. 괴롬과 시끄러움에 시달리다 못하여 훌쩍 집을 나와 아무 의식 없이 차표를 샀던 것입니다.

'어데로 갈까!'

하고 생각해 볼 여가 없이 그 때의 나 같은 멸망을 당한 인간이 갈 곳! 그것은 깊은 산중이 아니면 차라리 이미 패하여 버린 옛 자취나 찾아가서 멸망하여 감을 우는 수밖에 없다는 생각으로 경주까지의 차표를 샀던 것이랍니다.

그러나 차표를 사 가지고도 나는 망설이며 그대로 집으로 돌아서려 할 때 발차를 신호하는 벨이 울려 왔으므로 급히 차에 뛰어오르고 말았던 것입니다.

내가 이렇게 무궤도적 여행을 나선 것이나 선뜻 당신들과 동행이 되기를 응낙한 것은 누구의 눈에라도 온당하게 보이지 않을 것이며 또 누구라도 성격 파산자같이 조소할 것입니다. 그러나 S! 내가! 이미 이러한 줄도 저러한 줄도 다 알면서도 스스로의 행동을 비판해 볼 겨를을 얻지 못하였음에는 파묻혀 있는 여러 가지 괴롬이 있었던 탓이었습니다.

그 때의 나의 그 괴롬으로서는 별 깊은 의미를 포함하지 않은 짧은 여행쯤이야 문제될 거리가 안 된다고도 생각할 수 있겠지마는 그보다도 그 때의 나에게는 절대로 필요한 휴식이 될 것 같기도 하였습니다.

S!

그 때의 나의 그 괴롬이란 무엇이었을까요. 그것은 나의 이혼이었습니다. 이혼! 이것은 과연 중대한 문제일까요. 그러나 나는 이혼이란 그

것이 중대한 문제인 까닭에 괴로워한 것은 아니랍니다.

나의 이혼은 자살자의 눈에는 중대한 문제로 보였을지 모르나 나로서는 급작스런 무리라고는 하나도 없는 가장 자연스런 해결이라고 생각되었기 때문입니다. 하늘을 우러러 던진 돌멩이는 반드시 그 높이에서 땅에 닿일 때까지의 얼마간의 시간만이 문제이지 반드시 도로 땅 위에 떨어짐에는 틀림없는 자연 법칙입니다.

나의 결혼은 하늘을 향하여 돌멩이를 던진 것과 같은 결혼이었어요.

그러면서도 나의 주의는 그 던진 돌멩이가 무사히 그대로 공중에 매어달려 있을 기적을 신념하고 있었고 희망하고 있었던 것이었지요마는, 나 자신은 반드시 땅 위에 되떨어지는 법칙을 분명히 알고 있으면서도 부득이 모르는 척이라도 해 보려 애썼으나 그러기에는 너무나 내가 무지하지를 못했습니다.

이 법칙을 분명히 너무나 잘 알고 있었던 나인 까닭에, 때로는 이미 떨어져 버렸는가 하는 공중과 땅 사이의 거리와 그에 따르는 시간 문제를 잊어버리고 말 때가 있기도 했습니다. 내가 이러한 착각을 일으켰을 때에도 반드시 공중에 매어달려 있으리라는 기적을 신념하는 사람들에게 실망을 주지 않으려고 나는 입을 다물고 참아 왔고 견뎌 냈던 것입니다.

내 주위의 억센 힘들이 재주껏 던져 올린 돌멩이! 이 돌멩이가 땅 위까지 닿는 그 떨어지는 시간 중에 내 눈은 휘돌리우고, 내 가슴은 구토에 가로막히고 내 전신은 전율과 공포에 떨렸습니다. 그러나 이것은 다만 시간의 문제였을 따름인 줄 아는 나이었기 때문에 가만히 죽은 듯이 견디며 기다릴 수밖에 없었습니다. 그러므로 나의 이혼은 나에게 평화와 안심을 일시에 가져온 것이 됩니다.

하늘로 올라갔던 돌멩이가 이제 제가 있어야 할 자리로 모진 비바람 속을 뚫고 땅 위에 내려앉는 셈이 됩니다. 모든 고난이 해소된 셈이에요. 나에게 괴롬이 될 이치가 없습니다.

나는 얼마 동안 내 있던 이 땅에서 풍기는 그립던 흙내음새를 가슴껏 마셔 보고 두 발을 들어 힘껏 이 땅덩이를 굴러도 보았습니다. 나는 얼마나 기뻤는지요…….

그러나 S!

이 기쁨은 짧았습니다. 나에게 제 이단으로 굴러온 문제! 그것은 또다시 엄연하게 내 앞을 막았습니다. 그것은 내 주위가 너무나 무지한 까닭입니다. 그들은 나의 타고난 본질을 이해하지 못함이어요. 아니, 기어이 이해하지 않으려고만 애쓰려 함이어요.

그들은 나에게 아름다운 보물이 되어, 보고 싶고 만지고 싶을 때 마음대로 할 수 있게 방 안 장롱 속에나 선반 위에 잠겨 있는 귀한 옥돌이 되기를 원하는 것이랍니다.

그러나 S!

나는 불행히도 옥돌이 아니어요, 보물 되기를 또한 원치 않는답니다. 나의 가림 없는 본질은 거친 창파에 씻기어 가며 제대로 다듬어지는 백사장에 흩어져 있는 조약돌이 아니라면, 험악한 산골짝에 모나게 솟아 있어 비바람 눈보라에 저절로 다듬어지는 바윗돌이 아닌가 합니다.

그보다도 솟으며 떨어지며 감돌며 흘러가는 계곡물에 밀리어서 넓고 깊은 바닷속까지 갈 수 있는 한 조각 모래가 됨을 원한답니다.

이러므로 고난에 피로한 내 자신이 잠시 쉴 여가조차 길지 못하게 조약돌 같은, 바윗돌 같은, 모래알 같은 나를 옥돌이 되리라는 두 번째의 기적을 바라는 내 주위의 은애에 얽매여 버리게 된 것입니다.

나의 괴롬은 이것이었어요.

나에게 이혼한 여자란 불명예를 회복시키려는 것입니다. 그러자면 첫째, 방 안에서 나오지 말아야 하며, 세상의 기구한 억측에서 갖은 비평을 일일이 변명하고, 그리고 주위에 명예를 위하여 세상을 사죄하는 뜻으로 근신하여야 되며, 그리고 얌전스런 여인으로서의 본분을 지켜

야 된다는 것입니다. 그러면 새로운 행복이 나에게 오리라는 것이어요.

그러나 S!

나에게는 하여야 될, 아니하지 않고는 견딜 수 없는 일이 있답니다.

그 일이 무엇인가를 당신은 잘 아시리다. 비록 마음 속으로서나마 일을 가지지 않고는 내가 산다는 뜻을 잃어버림이 됩니다.

그들은 너무나 나를 사랑하기 때문에 너무나 귀히 여기는 까닭에 나에게 일을 앗으려 하며 오직 안일만을 주려는 것입니다.

나는 참을 수가 없습니다. 이러한 내 주위 속에서 견뎌 낼 수가 없었습니다. 그러나 나는 이 곳을 헤치고 나올 용기를 가지지 못했던 것입니다. 나에게서 용기를 앗아간 이유가 무엇입니까!

S!

어머니의 눈물입니다! 조용한 어머니의 눈물은 나에게서 모든 용기를 앗아가는 무기였습니다. 그 눈물은 오직 나에게 안일을 주려는 지극한 사랑이 근원 되어 있습니다.

그들은 털끝만치도 나를 이해해 주려고는 생각지 않아요. 다만 끝없이 사랑할 줄만 압니다. 그 사랑을 감수하지 않을 듯한 불안에 항상 슬퍼합니다. 그리고 내 마음을 달래 보며 온갖 정성을 다 해 줍니다. 그들이 나에게 보내는 은혜의 깊이가 얼마나 큰지를 측량할 줄조차 모르는 나이기 때문에, 나는 혼란하여져서 용기는 소멸되는 것이랍니다.

그것을 따라 나 스스로의 초조와 실망은 커 갑니다.

그래서 나는 집을 훌쩍 나온 것이었어요. 나는 나를 어떻게 몰고 말아야 될 것이온지 극도로 혼란하여 머릿속이 파열될 것만 같았어요.

S!

우리가 탄 기차가 목적지에 닿았을 때 나는 문득 눈물겨워지며,

"S! 김! 나는 이 곳에 실컷 울러 왔어요."

라고 혼자말같이 중얼거렸지요.

"울기 위하여?"
하며 이상스럽다는 듯이 눈이 휘둥그레서,
　　"무슨 까닭과 이유인가요."
라고 물으셨지요?
　　"나는 삶의 패배자입니다. 확실히 봐도 패배자의 일형이야요. 아니,
패배자의 과정에 있다고 할까요. 그러므로 이미 멸망하여 버린 옛 왕
터는 내 슬픔을 나누기 적당한 곳이어요."
나의 대답은 이러했습니다.
　　"우습습니다. 우리는 옛 자취를 찾아 지금의 내 삶에 장식이 될 조그
마한 무엇이라도 하나 얻어 보려고 생각하는데요! 나는 아직까지 울
어 본 기억이라곤 별로 없습니다. 동지였던 K가 너무나 너무나 억울
한 죽음을 하였을 때 나는 애석하고 분함을 못 참아 크게 운 기억이
있을 뿐이지요. 나는 울 만치 큰 감격을 받아 보지 못했습니다. 내가
뜻하던 바 일이 천신만고를 겪은 후 성공되는 날이 있다면 그 때는
너무나 기쁨의 감격이 극도에 이르러 혹 눈물이 좍 흘러내릴 것 같은
느낌은 있었어요. 울 곳을 찾아간다! 너무도 로맨틱한데요. 당신은
벌써 인생의 절반이나 살아 버린 것 같은데 어쩌면 한가하게 울 곳을
찾아가는 여가를 가졌습니까. 나는 잠시라도 무의미한 일로 시간을
보내지 않습니다. 여가가 없어요. 사람의 일생이란 긴 듯하면서도 무
척 짧은 것이랍니다. 당신의 삶은 너무나 한가합니다. 한가한 사람이
란 대개 무의미한 것이어요."
　　당신은 조소하듯 말하셨지요! 나는 귀를 기울이고 입을 다물고 말았
던 것입니다.
　　"한가한 삶! 그것은 무의미합니다. 그런 줄 나도 잘 알아요. 그 까닭
에 나는 그 한가한 삶에서 벗어나려고 애쓰며, 애쓰면 쓸수록 나는 더
욱 얽매여 가기만 합니다. 늙었을 때의 안일을 위하여 젊은 내 혼이 산

과 조수(새와 짐승)를 벗하여 그 가운데 고요히 호흡하려는 삶을 아직 젊은 내가 어떻게 참을 수 있을까요! 나는 젊어요! 나에게는 발랄한 긴장으로 희망의 피안을 향하여 맹진하는 분위기가 욕망될 뿐입니다."

나는 부르짖으며 말했지요!

"그러면 왜 그 욕망을 무시하고 울 곳을 찾아 아까운 시간을 허비합니까."

당신은 한결같이 나를 웃었습니다.

"나는 내 욕망을 위하여 싸웁니다. 그러나 나는 이겨 내지 못해요."

"이겨 내지 못할 만치 굳센 것은 무엇입니까."

"어머니의 눈물이어요."

"아! 넌센스다. 모두 울음, 눈물로 시종한단 말이어요?"

하고 당신은 가가대소*하였습니다. 나는 가슴을 쥐어박힌 것같이 멍하여져 눈만 번쩍 뜨고 있었지요! 당신의 웃음소리는 나에게 웅장하게 울려 오는 경종 소리 같았습니다.

"당신들은 모릅니다. 모두 피상적 관찰이며, 이론입니다. 나의 이 괴롬에 가장 상식적 비판에 그치는 겁니다. 좀더 내 환경을 들여다보면 누구나 간단하게 결단치 못하는 괴롬임을 알 것입니다."

이윽한 후 우리는 석굴암을 향하여 걸어 올라가며 나는 이렇게 말하였습니다. 당시의 굳세인 삶에 대한 굳은 자신에 충만한 일거수 일투족이며 단 한 번의 웃음 가운데 무서운 기백을 감수하였던 것입니다. 그리고 그 옛날 죽음을 돌보지 않고 다만 동지들과의 굳은 결합 가운데서 용진하고 분투하던 때가 다시금 내 앞에 당도한 듯도 하였으며, 지금까지나 한몸에 얽매여 살기로 걸음을 돌린 이후의 모든 괴롬이 그 자리에서 티끌만한 가치도 없는 하나의 넌센스로밖에 뜻을 가지지 못하게 될 듯하

---

* 가가대소(呵呵大笑) 소리를 내어 크게 웃음.

여, 어떻게든지 나는 나의 괴롬이 얼마나 심각한 문제였던가를 당신에게 주장해 보이고 싶었으며 그러함으로써 나를 지지하려 했습니다.

"당신은 방향 전환을 한 후의 감상이 어떠했던가요?"

라고 마치 나의 가슴을 투시하듯 이렇게 물었지요.

"나는 무한한 고독을 느꼈습니다. 큰 단체에서 떨어져 나온 나라는 것이 얼마나 고독하며 얼마나 무가치하며 얼마나 외로운 것인가를 알게 되었을 뿐입니다. 나에게 그 열렬하던 의기가 사라져 가는 비애를 느꼈습니다."

나의 이 대답은 진정한 고백이었습니다.

"그런 거랍니다. 단체적 훈련을 받아 온 사람은 혼자 떨어져 나서면 개인적으로는 아주 무력한 인간이 되고 마는 것인가 봐요……."

당신은 이윽히 묵묵하며 뚜벅뚜벅 걸어갈 뿐이었습니다.

"그 때의 우리가 표방하던 주의며 주장을 이제 와서 어떠한 것임을 말할 필요는 없는 것입니다. 다만 나는 당신에게 그 때의 그 열렬하던 용기와 의기만을 다시 가지라는 충고를 하고 싶을 뿐입니다. 당신의 삶의 목표며 생각이 어떠한 길을 행하여 있다든지 그것을 잠깐 그만두더라도 그저 그 열렬하던 용기를 어서 회복시키셔요. 그러면 당신에게서 그 괴롬이 사라져 버릴 것입니다."

하고 타이르듯 말하셨지요! 나는 이 말을 듣고 내 가슴 한 구석에서 무한한 학대와 무시를 받으며 병들어 있는 무엇이 그제야 고함을 치는 듯하였습니다.

석굴암*을 구경하고 내려와서 김과 셋이 여사에서

* 석굴암(石窟庵) 경상 북도 경주시 토함산에 있는 우리 나라의 대표적인 석굴 사원. 신라 경덕왕 때 김대성이 축조한 것임.

석굴암의 석가여래 불상

하룻밤을 쉬는 동안 당신은 나에게 용기를 주려고 갖은 애를 쓰셨습니다. 그 하룻밤을 새우고 난 나는, 이른 아침 다시 아침 식탁에 모였을 때 나의 모든 지난날이며 앞날을 적나라하게 비판하여 본 후 가장 바른 내 길을 찾아야 될 절박한 생각에 차 있었습니다.

"석굴암! 과연 위대한 예술입니다. 나는 그에게 대한 문외한이기는 하지마는 단지 그렇게 느끼어졌습니다. 우리도 위대한 무엇을 하나 창조합시다. 지난날의 것이 아닌 오늘날의 것을 창조하기로 분투합시다."

라고 당신은 아침 인사 대신 이렇게 하셨습니다. 나는 아무 대답도 할 마음의 여유가 없었으므로 엉뚱한 말을 하게 되었던 것이랍니다.

"S! 당신은 나에게서 옛날의 용기와 정열을 다시 가지라고 합니다. 그러나 내가 그러한 사람이 된다면 나의 어머니 눈물은 더 심각해지고 더 많아질 것입니다."

라고…….

"아! 아! 또 눈물 이야기여요? 당신은 눈물이 아니면 말을 못하는 셈이십니다. 울음이란 지금의 우리에게는 하나의 넌센스여요. 우리는 앞으로 일 초의 쉬임도 없이 맹진해야 될 사람입니다. 울어 가며, 울고 있는 이유가 대체 어데 있으며 울고 있는 무의미한 사람에게 매어 달려 고민하고 있을 턱이 어데 있는가요."

당신은 조소하셨지요?

"그러나 S! 이것은 생각함으로써 있고 없어질 문제가 아니어요. 엄연히 존재하여 있는 현실입니다. 어머니는……, 단 하나인 딸에게 자기의 모든 삶을 걸고 있어요. 그는 나의 행복을 위하여 일생을 바쳐 주었습니다. 그리고 지금의 이 땅의 현실에 있어서는 나라는 것이 아무 힘도 의욕도 없는 지극히 평범한 인간이 되어 어머니의 환경에 칭찬받는 그러한 딸 되기 바랍니다. 집 안에서 나 혼자 어떠한 생활을 하든지 또는 그들이 나를 위로하기 위하여 얼마나 큰 희생을 하든지 그 것은 돌보지 않고, 다만 어머니의 환경에 가장 아름다운 타협을 한 착한 딸이 되고, 칭찬받고, 부러움 받는 정숙스런 여인이 되라고 합니다. 그것이 그들의 간절한 요구입니다. 내가 만일 이 때의 어머니의 그 바람을 배반한다면 어머니는 자살이라도 할 것이어요. 그만치 그는 인습적입니다."

"그래서?"

"그러니까 나는 도저히 어머니의 바라는 삶으로서 단 하나밖에 그나마 얼마 남지 않은 내 삶을 허비할 수가 없어요."

"그래서?"

"그러면 나는 나를 위하여 살아야 됩니다. 그러나 S! 내가 방향 전환 이후의 고독과 외롬을 위로해 준 것은 어머니의 사랑이었어요. 이 묵중스런 대지도 움직이는 때가 있지요마는, 어머니의 사랑은 내가 죽고 없는 날까지 움직이지 않는 절대의 것이니까요! 나는 변하지 않는 절대를 믿고 싶고 그것만이 참인가 합니다."

"하하하! 변하지 않는 것을! 당신은 너무나 학대받은 자의 비꼬인 생각을 가졌군요."

"……"

"이 세상은 변하고 움직이는 데 뜻이 있는 거랍니다. 변함이 없는 세상! 그것은 질식입니다. 당신이 그 옛날 수천의 군중을 향하여 사자후*하던 사람입니까? 왜 이다지, 모호하고 절벽 같은 멍텅이가 되었는가요?"

곁에 앉았던 김은 참을 수 없다는 듯이 외쳤지요?

---

* **사자후(獅子吼)** ① 부처의 위엄 있는 설법을, 사자의 울부짖음에 모든 짐승이 두려워하여 굴복하는 것에 비유하여 이르는 말. ② 사자의 우렁찬 울부짖음이란 뜻으로, 크게 부르짖어 열변을 토하는 연설을 이르는 말. 여기에서는 ②의 뜻으로 쓰였음.

당신은 고소를 띠고 앉아 가엾다는 듯 나를 바라보았습니다. 그리고,

"오직 변하면 안 될 것은 자기의 신념뿐입니다."

라고 단 한 마디 말하셨습니다. 그리고 또 이윽한 후,

"당신의 어머니의 눈물을 거두려면, 그 방법은 단 하나밖에 없는 것입니다."

라고 말하셨습니다.

"무엇이어요? 어떠한 방법일까요."

나는 미친 듯 파고물었지요!

"오직 당신의 변치 않는 신념 그 신념에 매진하는 것뿐! 그것이 당신의 어머니를 불안에서 구하는 것이 됩니다. 당신의 갈 길이 얼마나 뜻있는 것인가를 잘 이해시킨 후 절대의 불굴의 보조로 걸어가십시오! 그 때는 어머니가 당신을 애호할 것입니다. 굳은 신념! 절대 불굴의 정신! 이것은 또 절대의 힘이랍니다. 절대의 힘! 이것이라야 모든 것을 정복합니다."

"환경의, 더구나 이해 없는, 당신을 알지 못하는 환경이 어떻게 비방하든 욕하든 그것이 문제시 될 턱이 없습니다. 나는 온 세상이 비방한대도 내 신념을 버리지는 않습니다. 세상에다 자아를 자랑하고만 싶은 허영을 버리셔요. 세상은 으레 욕하고 시기하고 싶어하는 것입니다. 그러면 세상의 성미를 다 맞춰 주려면 결국 당신 자체는 가치 없는 하나의 흙무덤으로 그치고 말 뿐입니다. 도리어 세상을 내 성미에 맞도록 만드세요!"

"……."

"사람이란 눈앞의 적은 위안에 빠져서 가장 중대한 큰 찬스를 놓치는 때가 많은 것이랍니다."

"……."

당신은 말이 없는 나를 달래듯 위로하듯 어디까지든지 자아를 주장

해 나갈 용기를 고취하여 주었지요?

"그리고 무엇보다도 당신은 건강해야 됩니다. 왜? 늙은이처럼 늘 앓아요! 이처럼 맛있는 음식을 먹지도 못하고 아침부터 죽그릇을 들고 앉았으니 그것이 말이 됩니까."

라고 내가 위병 까닭에 아무것도 먹지 못하고 오트밀 그릇을 앞에 놓고 앉았는 것을 들여다보며 말하셨습니다.

"아픈 것! 누구가 일부러 아프려고 합니까? 나의 오랜 고민의 생활이 이렇게 만들었던 것이지요! 그러시지 않더라도 내가 아프지 않은 순간에는 온갖 용기 다 나옵니다마는 아픔이 시작될 때는 아주 자포가 되어요."

"그러기에 말이 아니어요. 나는 앓지 않는답니다."

"당신은 원래 건강하시니까……."

"아니어요. 나는 나의 굳은 신념이 나를 건강케 해 준답니다. 스스로가 자기 몸을 중히 여기고 싶어지니까요. 신념이 없는 사람은 모든 것을 피어 나가는 대로 맡겨 두고 턱없이 꿈에만 빠져서 요행이나 바라고 있을 뿐이지요!"

아! 나는 정말 내 앞이 밝아지는 듯했답니다.

나는 당신과 얼마 동안이라도 한 곳에 있다면 얼마나 용감해질까 라고 느꼈습니다.

S!

그러나 우리는 오래 한가지로 할 수 없는 것이었지요. 당신과 김은 서울을 향하고 나는 나대로 집으로 돌아왔지요.

이것이 당신과 내가 우연히 서로 알게 되어 얻은 바 수확이었습니다.

"집으로 돌아가세요! 그리고 어머니에게 당신의 신념 되는 바를 설명하십시오. 그리 오래지 않아 당신에게 기쁜 날이, 진정한 행복된 날이 돌아올 것입니다. 그리고 독서를 하세요. 당신의 가족들이 아무리 못하게 하더라도 당신만 마음먹으면 반드시 됩니다. 다 잠든 틈을 타서 읽으시오."

당신이 나에게 한 하직 인사말은 이것이었지요!

그리하여 우리는 어느 때 다시 만날 기약조차 없이 갈려지고 말았던 것입니다.

나는 그 길로 집에 돌아왔던 것이나 내 귀에는 굳센 당신의 가지가지의 말이 꽉 배겨 있었습니다.

그 이튿날 나는 어머니의 전함을 버리지 못하여 경성으로 오게 되었던 것입니다. 좋은 의원이 있다는 어머니의 친구에게서 편지를 받았던 때문이었어요. 그리하여 나는 무엇보다도 병을 낫게 하기 위하여 그 의원을 찾아 상경하게 되었지요.

물론 상경은 하지마는 당신과 김이 어데 있을지 아무 약속이 없었으니 서로 만날 수는 없는 것이었으니까 아예 그런 생각은 염두에 내지도 않았던 것이었습니다.

그리하여 나는 그 이튿날 경성을 향하여 떠났던 것이었지요!

우연! 우리에게 두 번째 우연이 또 왔습니다. 당신과 김은 상경하던 길 도중에 대전서 내려 하룻밤을 유성 온천서 쉬고 난 후 내가 탄 기차에 오르게 되었던 것이었습니다.

이리하여 우리는 기약 없이 두 번째 우연 속에 만났던 것입니다.

나는 기뻤어요. 무척 반가워 서로 무의식간에 손을 마주 잡았던 것입니다. 그리운 옛 벗을 만난 듯하였어요.

몇 날간을 서울서 보내는 동안에 당신은 나에게 기탄없는 충고를 하였고 용기를 고취하여 주셨지요? 그리고 우리는 어느 사이엔지 굳게 손을 마주 잡고,

"서로 힘이 되어 줍시다."
하고 약속하는 동무가 되었고,

"서로 마음의 괴롬을 호소하며 기쁨을 나누는 뜻있는 동무가 됩시다."

라고 맹세하였습니다. 나의 가슴에 저기압은 사라져 간 듯하였고 스스로 내가 나아갈 길이 밝아져 왔던 것입니다.

세 번째의 우연! 그것도 역시 기차 위에서입니다. 나는 트렁크에 약을 가득 지어 담고 그것으로써 기어이 내 병을 고치고 말리라고 결심하며 집으로 돌아오는 기차 속에서 또 당신을 만났던 것입니다.

서울서 우리가 헤어질 때는 내년 봄에 내가 건강을 회복한 후 다시 만날 기회가 있으리라는 것과 서로 주소를 알리며 자주 서신 왕복이나 하자는 약속으로 떠났던 것이었는데, 내가 의원에게 일 주일간 진찰을 받는 동안 당신은 평양과 개성을 구경한 후 당신의 고향인 동경으로 들어가는 차 중에서 또 우연히 만났던 것입니다.

이상스런 세 번째의 우연의 해후에는 당신도 놀라는 얼굴이었습니다. 나는 너무나 기이하여 내가 마치 무슨 눈에 보이지 않는 운명에 희롱을 받는 듯하여 반가웁고 기쁘다느니보다 몸에 소름이 끼쳤습니다.

"정말 잘도 만나집니다."

당신은 차창으로 내다보며 아직 놀란 장닭처럼 서 있는 나에게 말하였습니다. 마치 내가 당신의 뒤를 쫓아다니며 이러한 우연을 만드는 것 같아 잠깐 불쾌하기도 했습니다. 당신 역시 그러한 느낌인 모양이었습니다.

"우연! 신기한 우연! 우연이란 것이 없어요. 피차 또박또박 제가 지나야 할 코스를 밟아 온 결과로 서로 그 코스가 한데 교차되었던 것에 불과하니까, 그것은 가장 자연적 결과입니다. 만일 이것을 이름지어 우연이라 한다면, 그 우연이 또한 인간 생활을 좌우하는 중대한 계기가 될 수 있어요. 때로 인간이란 우연에 좌우되는 수도 있는 것입니다."

라고 말씀하셨습니다. 나 역시 어데를 바라보고 있어야 좋을지 몰라 당신의 시선을 따라 차창 밖을 내다보는 수밖에 없었습니다. 차창 밖은 늦은 가을이라 옮아가는 들판에는 이미 추수가 끝나고 저물어 가는 황혼 속에 황량하여 있었습니다.

"보세요, 저 논둑에 불이 타고 있지 않아요? 그것이 무슨 불인지 알아요?"

이윽한 후 비로소 나를 돌아보며 말하셨습니다.

"내년 봄에 풀이 짙게 나라고 일부러 놓은 불이지요."

"그렇습니다. 뜻 모르는 사람은 왜 풀뿌리를 태워 버리느냐고 할 것입니다. 당신도 지금 집으로 돌아가서 자기의 목적을 위하여 목적에 반대되는 수단이라도 취해야 될 때도 있을 것입니다."

당신의 이 한 말은 나에게 무한한 감명을 주었습니다.

그 때 기차는 어데를 달리고 있었는지 모르지마는 먼 산 밑에 옹기종기 붙어 있는 초가집들에서는 한가하게 저녁 연기가 오르고 있어 나에게 망향의 슬픔을 자아냈습니다. 나는 무슨 까닭인지 소리 없이 눈물이 흘렀어요.

당신은 보지 않는 척하며,

"용기가 흔들리며 마음이 약해질 때는 반드시 편지하십시오. 그러면 나는 당신의 힘이 될 서적이나 편지를 보내겠습니다."

라고 은근히 위로해 주셨습니다.

"S! 나는 아픔이 시작될 때마다 삶의 노력이 우습게 보여져요. 집에 있을 때 뒷창을 열면 멀리 산이 보이고 그 산허리에 두세 집의 화전민이 살고 있는 것이 보입니다. 그 사람들은 일생에 한 번 기차를 타 보지도 않고 다만 그날 그날 먹고 입을 것만 있으면 그 이상 바람도 욕망도 없이 살고 있습니다. 그들은 다만 그러고 있다가 죽어 버리지요. 나는 그것을 바라볼 때마다 그들이 정말 사람답게 사는 것 같아요. 사람이란 그저 살다가 죽는다는 것임을 가장 잘 알고 있는 것 같아요."

나는 마음이 센티멘털해져서 이런 이야기를 하였던 것입니다.

"아니어요, 그것은 원시인의 생활입니다. 우리는 금일의 문화인이랍니다."

라고 당신은 나의 무지함에 실망한다는 표정으로 간단히 대답하셨습니다.

어느 사이에 우리가 탄 기차는 빠르게도 내가 내려야 할 역이 가까워졌습니다.

나는 공연히 가슴 속이 초조하여졌습니다. 나는 당신을 떠나 있으면 무력해지고 약해질 것만 같고 당신만 한 곳에 있다면 나의 용기는 그칠 때가 없이 언제나 정열에 불타며 이지적 결단성을 가질 수 있을 것만 같았습니다. 그래서 나는 그대로 함께 당신이 내리는 곳까지 가고만 싶었어요. 도중에서 나 혼자 내리고 만다는 것이 나 혼자 낙오되고 마는 것 같게도 느껴졌습니다.

당신은 내 마음 속을 잘 아셨음인지 기차가 역에 닿기 조금 전에 먼저 벌떡 일어서서 나의 두 어깨를 잡아 나를 일으켜 세우며,

"어서 건강을 회복하십시오. 내년 봄, 삼월에 다시 오겠어요. 그 때까지 피차 많이 연구도 하고 검토도 해 봅시다. 그리고 그 때까지 피차 얻은 바 결론을 말하기로 합시다."

라고 한 마디 한 마디에 힘을 주어 분명한 발음으로 일러 들려 주었지요!

나는 얼른 그 말의 진의가 무엇임을 알아 내지도 못하여 기차가 K역에 닿고 말았으므로 그대로 내려 버리지 않으면 안 될 때였습니다.

"어서 내리십시오. 내려야 됩니다. 눈앞에 있는 정열에 지배되는 속인이 되지 맙시다. 적어도 먼 앞날까지를 검토해 보아야 됩니다."

나는 무슨 말을 하여야 적당할지를 모르고 그대로 플랫폼에 내려섰습니다.

"내년 봄에 다시 만납시다. 꼭 그리고 그 때까지 생각에 결론을 얻어 두십시오. 서로 진보된 보고를 합시다."

움직이는 기차에 따라가는 나의 손을 힘껏 잡고 큰 소리로 말하며 당신의 커다란 두 눈은 햇빛같이 정시할 수 없게 찬란하게 빛나며 나를 바라보셨습니다. 그 찬란한 빛은 내 몸을 남김없이 불태웠습니다. 나는 내가 살아 있음을 비로소 안 것 같았습니다.

S!

그리하여 당신은 떠나갔습니다. 나는 갑자기 두 눈이 어두워지도록 눈물이 가득 고여지며,

"S! 당신은 '힘' 이어요. 지금의 나에게는 오직 '힘' 이 필요할 뿐이어요."

라고 부르짖었습니다.

집으로 돌아온 후 나는 하루라도 속히 건강을 회복시키려고 애쓰며 한편 나를 위하여 바른 길을 잡으려 애썼습니다.

나의 이 변화는 집안 사람들이 잘 눈치채었음인지 그들에게 기어이 타협할 것 같지 않을 나를 인식하였음인지 갑자기 불안에 떨어지기 시작하였습니다. 그리하여 그들은 자기들의 삶에 매력을 가하여 나로 하여금 굴복케 하려고 갖은 정성을 다하였어요.

나는 아픈 위를 부여잡고 냉정하게 어머니의 눈물을 위로하며 차츰차츰 나의 의도하는 바를 납득시키려 시작했던 것입니다.

그리고 또 하나 당신이 내려준 과제! 내년 봄 삼월에 보고할 것을 검토해 보며 연구하려 했습니다.

그러나 잠시도 그러한 조용스런 시간이 나에게 오지 않았으므로 끝없이 초조하였던 것입니다.

S!

이 밤은 몹시도 적막한 정적 가운데 깊어졌습니다. 나는 더 검토할 것도 더 연구할 필요도 없음을 이제 이 깊은 침묵의 대기 속에서 느꼈습니다.

'당신은 힘이어요. 나에게는 오직 힘이 필요할 뿐입니다.'

이것이 결론이어요, 이외에 다시 더 아무것도 생각할 필요가 없어요.

S!

이제 남은 문제는 다만 나의 건강을 회복시키는 것뿐입니다.

내년 봄 삼월!

S!

그 때 당신에게 말할 결론이 이 밤에 나타났어요. 그리고 나는 내가 취할 바 길을 분명히 알아내었습니다.

나에게도 신념이 생겼습니다.

S!

나에게도 갈 길이 명백히 나타났어요.

3

S!

그 고요하던 밤이 벌써 새어 갑니다.

이제 새로운 아침이 밝아 옵니다. 나는 잠옷 위에다 두꺼운 가운을 둘러입고 내 방을 나섭니다. 창에 내려져 있는 커튼을 헤쳐 버리고 언니가 정성껏 깔아 준 호사스런 금침을 걷어차고 나는 용감스럽게 그 방을 나섰습니다.

하룻밤의 정적 가운데서 찾아낸 내 영혼은 티끌 하나 없는 깨끗한 그리고 새빨간 내 가슴에 안기어 있습니다.

S!

당신과 내가 만나고 떠나고 하던 그 때는 늦은 가을이었사오나 지금은 겨울입니다.

고요하게 새어 오는 겨울의 아침 공기는 지극히 청정합니다. 대자연의 가장 아름다운 본성을 나타내고 있는 듯하여요. 청정된 내 영혼을 영접하여 주는 듯합니다.

S! 나는 뜰 가운데 서 있는 가장 크고 웅장스런 복숭아나무 곁으로 걸어갔습니다.

잎사귀 다 떨어진 뼈만 남은 가지들은 마치 죽은 듯 말라진 듯합니다. 나는 그 중에도 가장 가느다란 한 개의 곁가지를 잡아 보았어요. 서리 맞은 가지의 감촉은 싸늘하게 내 손끝에 느껴졌습니다. 나무는 말라진 듯합니다. 그러나 나의 어머니는 이 나무를 정성껏 가꾸십니다.

왜 말라 버린 것 같은 이 나무를 가꾸실까! 나는 손끝에 힘을 보내어 잡았던 가지를 작끈 하는 소리를 내면서 분질렀습니다.

그러나 S!

그 작은 곁가지 하나에도 약동하는 생명의 줄이 흐르고 있음을 보았습니다.

'나의 어머니가 너를 가꾸심이 이것이다. 너는 아무리 죽은 듯 하나 굳세게도 살아 있었다. 말라 버린 껍질 속에서 너는 훌륭히 살아 있었다. 모진 삭풍에 부대끼어 그 잎사귀를 다 빼앗기고 말았어도 너는 너대로 다시 오는 봄을 기다려 너 혼자 누구에게도 알리지 않고 가만히 살고 있었다.'

나는 가슴 속으로 부르짖어 보았던 것입니다.

그리고 커다란 한 가지를 와직끈 분질러 보았습니다. 제가 얼마나 훌륭히 살아 있는가를 내 눈으로 보고 싶은 욕망에서…….

고함치며 누구에게라도 보이고 싶었어요.

돌아오는 봄 삼월에 당신에게 드릴 보고는 어제 훌륭히 준비되었습니다. 그리고 당신이 나에게 말할 결론도 벌써 완성된 줄 알겠습니다. 나는 봄을 기다리기 싫습니다. 이 차디찬 겨울에서도 훌륭히 살아 있는 나는 한시바삐 알리고 싶습니다.

내가 살아 있다는 것을 바로 보라고 눈을 띄어 준 당신입니다.

S!

내가 얻은 바 결론을 이제 보고합니다.

나는 나를 갖은 수단을 다하여 속아 달라고 달려왔을 뿐입니다. 나는 나를 속이지 못하여 고민하였고 울어 왔을 뿐이어요. 이렇게 함으로써 세상에 아첨하였던 것입니다.

나를 사랑하는 어머니, 나에게 끝까지 행복하고 안일을 바라시는 어머니! 그에게 내 삶을 스스로 파악하게 굳세게 살아가며 어느 때나 용감하게 보임으로써 비로소 안심과 만족을 얻도록 할 것이어요. 내가 나를 속이는 괴롬을 지닌 채 지금의 그의 마음을 형식적으로 위로한다면 그는 일평생 나의 불행을 슬퍼할 것이어요.

그러면 이 곳에서 내가 취할 바 길이 스스로 밝아지는 것입니다. 내가 취할 바 길! 이것이 무엇인가! 그것은 가장 나를 속임없이 가장 아름다운 양심으로 내가 뜻한 바 길을 매진하겠단 것입니다.

가도 또 가도 내 정성 내 힘을 다 하여 얻는 바가 없다면, 그것은 나 자체의 본질의 무력함이니 그것을 이제 말할 필요는 없습니다. 얻는 바가 있든지 없든지 나는 내 생명이 다할 때까지 매진할 뿐입니다. 나의 취할 바 이 길에서 다만 일 초간의 한눈도 팔지 않을 것이며, 모든 비방이며 유혹의 옆길을 나 관계하지 않으렵니다.

S!

내가 나를 속이지 않는 그리고 가장 아름다운, 그렇습니다, 가장 아름다운 마음으로써 뜻한 바 길을 매진한다.

나의 결론은 이것입니다.

그리고 또 한 가지, 만일 내가 나를 속이지 않는다면 당신에게 대한 내 마음도 속이지 못할 것입니다.

속임 없이 보고한다면! 나는 당신의 곁에서 나라는 것을 더 한층 완성시키고 싶습니다. 나의 용기와 정열에 북돋움을 받고 싶습니다. 이 마음은 나라는 것을 나 혼자의 힘으로 운전해 갈 수 없는 약자의 말 같기도 합니다. 그러나 이런 생각은 너무나 오랫동안 환경과의 갈등 속에서 헤어나지 못하는 약자로서 고민해 온 나이기 때문에 바라던 욕망인지도 모릅니다.

좌우간 나는 당신의 절대적인 '힘'을, 아니 그 힘에 의지하고 싶은 마음이어요. 한 개의 여인으로서 한 개의 남성인 당신에게 의지하고 싶다는 이 생각을 사랑이라고 합니까? 연애라고 하는지요!

그러나 S!

나는 누구에게도 당신을! 또는 당신이 나를! 연애한다! 고 생각키우기가 분한 듯합니다. 모욕을 당하는 것 같습니다. 이성 간의 애욕을 초월하였다고 말하기도 속되는 것 같습니다.

내 입으로 분명히 말한다면 나는 당신에게 '연애 이상'이라고 하겠습니다. 그것을 무엇이라고 이름짓는지 나는 알지 못하며 알려고 애쓰기도 싫습니다. 다만 연애 이상으로밖에 아무런 표현도 할 수 없습니다. 왜냐 하면 연애는 미입니다. 신비스런 미이어요. 그러나 나는 당신에게 그 신비스런 미의 감정을 지나 '힘'이란 느낌을 가졌던 까닭입니다. 힘은 모든 것을 정복하는 '절대'의 미를 가졌어요.

S!

그러면 가장 실질적 현실적으로는 나의 이 결론이 어떠한 형식으로 전개될 것인가! 그것은 지금 결론을 내릴 수 없습니다. 당신이 가진 바그 '힘'은 어떻게든지 전개시킬 수 있는 것인 까닭입니다. 그러므로 오직 이 섬세한 문제는 당신과 내가 내년 봄 삼월까지 나는 무성한 잎사귀를 한 가지 가득 움트게 할 정열을 아름답게 다듬어 둘까 합니다.

2. 천국에 가는 편지

'S가 있는 곳은 재래의 천국이 아니다. 희망의 녹기를 높이 꽂은 저 봉우리 위다.'

S! 왜?

이다지 장난이십니까? 아무리 장난이라도 거짓말하는 것은 꽂은 즐기지 않는답니다.

S!

오늘은 바로 이월 이십팔일! 즉 이월 그믐날이랍니다. 이 하루만 지나면 우리가 기다리던 그 봄 삼월이 옵니다. 내일 날부터 시작되는 그 삼월달에 우리에게 훌륭한, 그야말로 환희에 넘치는 삶을 함께 느낄 수 있는 날이 있는 것입니다.

그런데, 그런데, 이 장난이 무슨 우스운 장난입니까?

나는 믿을 수 없습니다.

나는 이해할 수 없습니다.

당신이 나에게로 오는 날을 어떻게 하고 그 영민한 당신이 어떻게 잘못되어 길을 드셨는가요!

나에게로 올 길을 어이하여 천국으로 헛가셨는가요?

이 어인 일이오니까?

S! 오! S!

S! 당신이 죽었다! 내가 이 말을 믿을 수 있으리라고 생각하셨습니까. 나는 웃어요, 웃습니다. 만일 내가 지금 울었다면…… 당신,

'넌센스다. 내가 죽을 인간이든가? 그 말을 믿고 울었던가요! 당신은

왜 그리도 어리석을까.'

하고 조롱할 것만 같아요.

'신념이 없는 까닭에 아픈 것이어요.'

라고 나에게 주먹을 쥐어 보이며 말하던 당신이었어요.

당신이 연구하고 검토하여 얻은 바 결론을 서로 보고하자던 그 삼월이 내일부터 시작되려는 오늘! 당신은 나에게 죽음을 알리는 그 마음이 무엇입니까?

당신의 죽음이 나에게 무엇을 의미하는 것입니까? 무엇을 암시하는 것이오니까? 대체 나는 해득치 못합니다.

나는 이 삼월을 위하여 당신이 내린 그 과제의 해답을 훌륭하게 준비하였답니다.

첫째 나는 아픔을 정복했어요. 완전히 건강이 회복되었어요. 당신에게 밑지지 않을 몸과 마음을 준비하였답니다. 그리고 어머니, 그 눈물 많던 어머니의 눈은 이제 한 방울의 흐림도 없이 힘있게 빛나고 있습니다. 내가 잡은 바 굳은 신념! 그것은 바로 어머니에게도 안심이 되었습니다. 그런데, 그런데, 당신의 죽음은 지금 방방곡곡까지 알려졌습니다. 신문, 잡지, 모조리 뒤져 봅니다. 그 정열에 넘치는 당신의 뚜렷한 면영 곁에 검은 줄이 그어져 있습니다. 그러나 나는 믿지 않으렵니다.

아니, 믿지 않는다는 나의 고집을 당신이 또한 웃을 것 같습니다. 아! 아!

'사실은 이렇게 죽었음을 증명하는데 왜 믿지 않으려는 것입니까?

사실을 무시하는 거짓을 가집니까?'

라고 나를 꾸짖을 것 같습니다.

그러면 나는 당신의 죽음을 믿는 것이 바른 일입니다. 이런 맹랑스런 사실을 생각으로나마 할 수 있는 일입니까?

S!

그 굳센 당신이 이제 벌써 한 점의 회색빛 재로 변하고 말았습니까? 당신의 그 '힘', 그 맹렬한 의기는 어데 있습니까? 어데다 두고 당신은 얼마의 석회뿐으로 변하고 말았던 것입니까?

그 맹렬한 의기! 당신은 어데다 두었습니까? 지금 어데 있는가요!

내가 가야 될 길! 단 하나, 바른 나의 궤도 위에 올려 세운 내 기차는 지금 초속력으로 달리고 있습니다. 나의 목적지를 향하여……

왜 당신은, 나에게 바로 달려가라고 말하던 당신이 무슨 까닭으로 적신호를 하는 것입니까?

이것이 나에게 무슨 의미를 암시함인가요!

나는 눈물 없는 두 눈을 똑바로 뜨고 가슴 가득 울음을 안고 갈 바를 잃고 거리로 뛰어나갔습니다. 아무리 헤매어도, 아무리 걸어도 다만 내 눈에 보이는 것은 희미한 가등과 네온 라이트에 처참스럽게 번쩍거리는 두 줄기 전차 선로뿐이어요.

나는 찾았습니다. 기어이 찾아내려 했습니다. 내가 준비하여 두었던 그 보고를 연구하고 검토하여 얻은 바 그 결론을 말하려던 당신을 찾았습니다. 가다가, 또 걸어가다가 나는 문득 멈추어 섰습니다.

이윽히 서 있었습니다. 그리고 돌아섰습니다. 나는 집으로 돌아왔습니다. 당신의 죽음이 나게게 무슨 의미를 가졌는가를 나는 문득 깨달았던 것이었어요.

S!

'가장 유의한 동지가 가석한 죽음을 하였을 때밖에 운 기억이 없다.'던 당신의 말이 생각났던 것입니다. 그리하여 나는 내 방문 굳이 닫고 가슴이 파열될 것같이 꽉꽉 들어찬 울음을 얌전히 엎드려 소리없이 이리저리 풀어 내었습니다. 그 눈물 속에 내 몸이 잠기었습니다. 당신은 태양보다 맹렬한 의기로 살았으며, 죽음 역시 사십오 도의 맹렬한 열로써 마쳤습니다. 당신의 삶도 간결하였고 삶을 청산함에도 단 하루 동안

에 다 하였다 하오니 당신은 삶과 죽음이 다 함께 간결하였습니다.

S!

'힘!' 절대의 미! 이것이 당신이었으니 이 당신에게 죽음을 당한 나이지마는 나는.

나는 아직 살아야 되는 엄연한 사실을 앞에 놓고 있습니다. 당신이 나에게 두고 간 그 굳센 의기! 이것만은 당신의 죽음이 앗아 가지는 말아 주십시오.

나는 당신의 두고 간 그 맹렬하던 의기의 한 조각을 내 죽는 날까지 놓을 수 없습니다. 나는 힘껏 틀어잡고 내 삶을 지탱해 나갈 것이며 내가는 길의 운전수로 삼겠습니다.

그러면!!

나는 이제 당신 죽음을 슬퍼만 하는 끝없는 눈물 속에 잠기어진 내몸을 건져 내렵니다. 그리하여 내 가는 바른 궤도 위에 다 올려놓으렵니다. 그리고 당신이 두고 간 그 맹렬한 의기의 운전으로 죽음의 경계선에 들이대일 순간까지 쉬지 않고 달려가리다.

S!

그 후에 조용히 내 몸에서 삶의 먼지를 활활 털고 공손히 꿇어 엎드려 당신이 두고 갔던 나의 운전수를 도로 바쳐 드리리다.

S!

그 날까지 나는 나의 운전수와 단둘이서 서로 축복하며 서로 보호하리다. 오! S!

당신은 살아서 나에게 '힘'을 가르쳐 주었으며 죽어서 나에게 희망을 가르쳐 주었습니다.

어느 전원의 풍경

일명 법률

 말갛게 깎은 머리 위에 탕건만 눌러 쓰고 활짝 돋운 남폿불을 바라보며 김상렬은 눈 하나 깜짝하지 않고 앉아 있었다. 건넌방에서는 아이들의 장난하는 소리가 부산하였다.
 '오늘 밤만 새면 내일부터는 또 한 해가 시작된다.'
하고 그는 빨뿌리에 마꼬(담배 이름) 한 개를 끼워 들고 생각에 잠겼다.
 '좌우간 오늘 밤 안에 작정을 단단히 해 가지고 내일부터는 근심이 없도록 해 버려야지, 차일피일하다가는 큰일이다.'
 그는 길게 한숨을 내쉬었다. 남들은 부잣집이라고 모두 부러워하나 실상 김상렬 자신은 기막힐 딱한 걱정이 두 가지 있었다. 그는 이 걱정 거리를 없게 하기 위하여 오래 고민하여 왔으나 좌우 판단을 내기에는 여간 어려운 일이 아님을 잘 깨달았던 것이다. 하나는 자기의 뒤를 이을 맏아들에 관한 일이요, 하나는 자기의 전 재산에 관한 일이니만큼 지금의 김상열에게는 자기 생명 다음 가는 중대한 걱정거리다.
 그는 이 두 가지를 생각할 때마다,

'지금 세상은 예전 세상과 다르다. 예전에는 천벌이 무서워 차마 하지 못하는 일이 많았지마는 지금은 천벌이란 것이 없어졌다. 톱으로 썰어 죽이고 벼락을 때려 가루를 내어 죽여도 죄는 죄대로 남을 용덕이란 놈은 아직껏 네 활개 펴고 잘 살게만 해 두고, 그렇게 순직하고 부지런하던 김 서방은 재작년 여름에 벼락을 맞아 죽었으니 이것만 보더라도 천벌이란 정말 엉터리없는 것으로 타락되고 만 것임을 알 수가 있단 말이지. 그리고 이 땅덩어리로 말하더라도 옛적에는 부동 여산이니 태산같이 믿는다느니 하여 대지를 변함도 움직임도 없는 절대의 것으로 믿고 둘 곳 없는 심사라도 오직 이 땅 위에만은 맘 턱 놓고 발을 내려디디던 것이었으나, 지금은 어디 땅이 흔들린다는 둥, 어느 곳 땅이 벌어지고 사람이 죽는다고 법석이란 둥, 아무 산이 터지며 불꽃이 충천한다는 둥 하니 이런 기막힐 일이 어디 또 있겠는가. 움직이지 않는다고 믿은 땅덩어리가 움직이니, 항상 움직이며 살아가는 사람이야 일러 무엇하랴. 변화 무궁하고 교묘 교활하여 심지어 선악의 표준까지 혼돈케 되어 구별할 길이 없으니 나도 어느 것을 절대적 옳은 것으로 믿을 수가 없고, 이 가운데서 살아가기 정말 두렵다. 그러나 이 가운데서라도 절대로 믿을 수 있는 것이 하나 있기는 하다. 그러나 이것도 내 편을 만들고 내 수중에서 녹여낼 수 있어야 믿을 수 있는 것이다. 아니다. 이것에 나타나 있는 대로만 하는 것이 절대로 착한 일이며 절대로 옳은 일이다.'

라고 생각하는 것이었다. 김상렬이가 이같이 믿을 수 없다는 세상에서 오직 한 가지 믿을 수 있다는 것이란 무엇일까.

그것은 법률이다. 이 법률이란 것이 어떻게 생겨났던 것인지 또 누구가 만들어 낸 것인지 하는 것은 생각할 필요가 없었다. 그가 법률이란 것을 알게 되던 때(물론 육법전서를 다 알게 된 것은 아니다. 법률이란 것이 있다는 것만을 알게 된 때 말이다.) 너무 기뻐 하늘의 무심치 않음을 감사하였던 것이다.

　'천벌이 영험 없게 된 것도 하늘의 옥제가 이 땅 위에 당신의 택하신 임금님을 내리시사 법률이란 것을 만들게 하서 간접으로 정사를 하시게 된 것이리라.'

고 무한히 기뻐하였던 것이었다. 그리하여 그는 법률에 눈이 밝다는, 자기와 각별히 친한 친구 이정황을 자주 만나서 온갖 법률에 대한 이야기를 하였다. 그러나 그는 이야기를 많이 들으면 들을수록 한 가지 괴롬이 생겨났다. 그것은 자기 아들에 관한 일이었다. 물론 아들이 못나서 하는 걱정이 아니라 그대로 남에게 뒤지지는 않을 만은 하지만 장가를 잘못 보낸 탓이었다. 처음 장가갈 때는 과히 싫다고는 하지 않던 것이 초행에서 돌아온 이후는 죽어도 색시집에 가지 않겠다고 뻗대는 것이었다. 그 후 색시를 데려온 후에도 한 방에 거처하는 일이 없고 밤낮 그 부모에게 이혼시켜 달라고 졸라 대었다. 그러므로 상렬은 그 아들에게 만단으로 회유하고 때로는 위협도 하고 갖은 수단으로 달래 봐도 연해 효험이 없었다. 그러나 어찌 된 셈인지 그러는 중에도 며느리가 딸을 하나 낳았다.

　"입으로는 싫어해도 속으로는 그다지 싫지 않기에 아이를 낳지 않나."

하는 사람도 있고 하여 상렬은 아무래도 이혼은 시키지 않으려 하였다. 그러나 아들은 아내가 아이를 낳고 난 후 아무 말 없이 동경으로 달아나고 말았다.

　"이혼해 주기 전에는 돌아가지 않겠습니다."

라고 뜸뜸이 말만 보내고 삼 년이 되어도 귀국하지 않았다. 상렬은 차차 걱정이 되기 시작하였다. 아들의 장래와 집안 형편을 생각하면 얼른 이혼을 시켜 버리고 다른 데 좋은 며느리를 맞아 오고 싶었으나, 며느리 편에서 순순히 이혼해 주지 않을 것임을 생각하면 가슴이 답답하지 않을 수 없었다.

며느리도 처음은 시부모가 자기 편을 들어 주었으나 차차 시부모의 맘도 자기를 떠나감을 보고 분하고 안타까운 악심만 자꾸 들어 갔다. 그러므로 양편의 가슴 속이 얼굴에 나타나게 되자 집안은 평온한 날이 없어졌다. 날이 갈수록 상렬은 이 문제가 심각하게 머리에 떠올랐다.

법률만 없으면 그만 며느리를 쫓아 보내고 아들을 데려왔으면 좋으련만 아무 이유 없이 법률이 이혼을 허락할 리도 없고, 또 그대로 쫓아 보냈다가 법률에 걸리면 어떻게 하나 하는 것이 문제가 되었다. 시부모의 이런 생각이 날로 그 얼굴에 나타나자 며느리도 처음같이 유순하지 못했다. 피차 시비가 심함을 따라 상렬은 그같이 기뻐하였던 법이란 것이 도리어 가증스럽게 여겨졌다.

이 때에 또 한 가지 걱정이 튀어나왔다. 그것은 어느 친구의 사정에 동정하여 오만 원 차용 증서에 연대 보증인으로 도장을 찍어 주었던 것이 이제는 자기가 그 돈의 어환 책임을 전부 지게 되었던 것이다. 원금은 단 오만 원이나 이자까지 합하면 천 석 추수밖에 안 되는 자기 재산 전부를 다 해도 오히려 부족할 지경이었던 것이다. 그는 이 뜻하지 않은 걱정에 이 일 년을 죽어지냈던 것이다. 생각하면 이 두 가지 걱정이 모두 억울한 걱정임을 깨닫자 그의 초조하여짐은 비할 데가 없었다.

'아들 장가도 지금 며느리에게 보내지 않고, 친구야 죽든 살든 보증인만 되어 주지 않았으면 아무 걱정 없이 편안히 행복하게 살 것을…….' 하고 생각하매, 이 두 가지가 모두 미묘하고 사소한 변변치 못한 동기와 인연으로 말미암아서 된 것임에는 더한층 답답하여지는 것이었다.

지금 며느리와 혼인하지 않아도 장가갈 수 있는 자기 아들이요, 보증인이 되어 주지 않아도 그 친구와의 우정이 상해질 리가 없었을 것이다. 상렬은 생각하다 못하여 벌떡 일어나 의관을 갖추고 밖으로 나왔다. 골목마다 섣달 그믐날 밤이라 사람들의 걸음 소리가 바쁘게 들렸다. 그는 어두운 골목을 한참 걸어 이정환의 사랑으로 찾아 들어갔다.

"그믐날 밤에 찾아오기는 좀 미안하네만."

하고 안방에 들어가며 인사를 하였다.

"자네는 친구 집에 놀러 오는 데도 날을 받아서 오는가, 그믐날은 놀러 오면 안 됐다든가."

이정환은 구들목에 누웠다 일어나며 반갑게 맞았다.

"자네 춥지 않나, 그만 갓을랑 집어치우고 나처럼 겨울에는 모자를 쓰게나."

하고 엉성하게 추워 보이는 상렬을 조롱하듯 하며 아랫목으로 자리를 비켜 놓았다. 그러나 상렬은 얼굴을 찌푸리고 윗목에 가 소매 속에 손을 넣은 채 꾸부리고 있었다.

"자네 무슨 근심이 있는가?"

정환은 연달아 싱글벙글하며 상렬을 건너다보았다.

"자네게 물어 볼 말이 있어 왔네."

상렬은 그제야 소매에서 손을 빼고 마꼬갑을 끄집어 내었다.

"무슨 말인가?"

"다름이 아닐세, 자네도 아다시피……."

상렬은 말을 어떻게 끌어내야 좋을지 맘 속으로 생각하며 말끝을 길게 뺐다.

"글쎄, 자네 사정이야 내가 모르는 게 있나. 그러나 너무 걱정을랑 하지 말게."

"그러니 말일세. 저 우리 자식놈의 일을 어떻게 하면 좋을까?"

상렬은 이미 정환에게 속 통정을 해 오던 터이라 말을 끄집어내었다.

"허, 그 사람, 그까짓 것 걱정할 게 뭐야. 며느리가 아무리 중하다 할지라도 내 아들만은 못한 것이니 아들이 정 싫다면 이혼을 해 버려야지."

정환은 시원스럽게 말을 하였다.

"글쎄, 내 자식이 중하기는 하지만 이유도 죄도 없이 어떻게 며느리를 쫓느냐 말일세. 더구나 계집아이라도 벌써 새끼까지 낳은 것을 설령 내가 또 쫓고 싶다고 한들 법이 있는데 임의로 쫓기어지느냐 말일세."

상렬은 그제야 자기의 맘 속을 다 말이나 한 듯이 한숨을 내쉬고 정환을 치어다보았다.

"저런 사람 좀 보게. 자네 내 말 듣게. 좌우간 이제는 자네도 법만 허락하면 이혼시켜 주려는 것이지?"

정환은 정색하여 다잡아 물었다.

"그렇지 않은가, 법만 없으면 그만 친정으로 보내 버리지."

"그럼 문제 없네, 에끼, 사람. 그까짓 게 뭐가 걱정이야. 내가 책임지세. 법률이란 게 원래 무서워할 게 아니네. 언제든지 내 편을 만들어

놓으면 그만일세. 착한 일만 하는 사람이라도 악한 놈에게 못 이기는 수도 있게 하는 것이 법률이거든. 그 참 교묘하이."

정환의 말이 무슨 뜻인지 상렬은 알아듣지 못하였다.

"좌우간 자네가 이미 이혼시키려는 결심만 있다면 천 원 하나는 손해가 날 터이나 염려 없네. 내가 책임지고 이혼되도록 해 줌세."

"아니, 천 원만 있으면 이혼이 될까?"

상렬은 정환의 말이어서 순순하게 들리므로 속으로 의아하였다. 돈천 원만 있으면 이혼이 된다는 조목이 법률에 씌어 있으면 모르거니와 그렇지 않고는 불가능하다고 생각되었다. 자기 며느리는 목이 끊어져도 친정에는 가지 않으며 또 만일 남편이 다른 데 장가를 들면 백 번이고 초례청에 대들어 막 부수어 댈 것이며 어린아이는 자기가 데리고 키우겠다는 둥, 벼르는 것을 잘 알고 있는 상렬이었기 때문이다. 물론 며느리 한 사람뿐이면 좀 쉬울 것이나 며느리의 친정에도 상당한 젊은 남자가 많아서 좀처럼 이혼은 해 주지 않을 것이었음으로써이다. 그러나 정환은 그까짓 이유는 말도 되지 않는다는 듯이,

"에끼, 바보 같은 사람, 한번 이혼만 해 버리면 그만이지 무슨 상관인가. 제까짓 것이야 무어라고 시위를 한대도 염려 없네. 한번 이혼한 후에는 자네 집에 무단히는 오지도 못하네. 잘못 행패를 하다가는 콩밥을 먹이지……."

하고 자못 염려 없다는 듯이 우겨 대었다.

"그렇지만 그렇게 되나? 초례청에 대어들면 큰일이지."

상렬은 자꾸 염려가 놓이지 않았다.

"여보게, 이혼하면 딴 남인데, 남의 잔치에 대어들면 법률이 가만히 있나?"

"음……."

상렬은 그제야 고개를 끄덕끄덕하였다.

"참, 그렇지만 이혼하기까지가 문제지?"

하고 다시 정환을 바라보았다.

"염려 없네. 내가 수단을 가르쳐 줌세. 좌우간 며느리를 잘 꾀어서 제 입으로 이혼하겠다고만 하도록 하면 그만일세."

하고 계교를 하나 가르쳤다. 상렬은 그 말을 다 듣고 나니 그럴듯도 하였으나 사람으로서 차마 하지 못할 일이었다.

"여보게, 그렇게 할 수야 있나?"

하고 상렬은 입맛을 다셨다.

"허, 이 사람. 지금 세상에는 어떠한 못할 짓을 하더라도 법률에 걸리지 않게만 하면 제일일세."

정환은 예사라는 듯이 말했다.

"그것은 그렇게 한다고 하면 그만일세만, 또 한 가지 걱정이 있네."

상렬은 집에 가서 다시 더 생각해 보리라고 작정을 한 후, 또 한 가지를 마저 꺼내었다.

"무엇인가?"

정환은 벽에 어깨를 기대어앉으며 어떠한 문제라도 끌고 오라는 듯이 버티었다.

"자네도 알지만 그 보증해 준 오만 원 말일세. 반환 기일이 다섯 달밖에 남지 않았는데 어떡허나?"

"그까짓 것도 염려 없네. 내가 한 푼도 구경도 못한 돈을 멀쩡하게 갚아 줄 바보가 어디 있는가. 자네는 그 돈을 갚으면 거러지가 되지 않나? 나 같으면 그 돈을 내가 써 없이 했더라도 갚아 주지 않겠네."

"갚지 않아도 배겨 낼 수 있게 하는 법이 있는가?"

"있고말고."

"여보게, 농담이 아닐세."

"허, 누구는 농담인 줄 아는가? 당장에 안 갚아도 관계 없게 해 줌세."

"……."

"예를 들어 말하자면 자네가 나에게 갚을 돈이 삼십만 원 가량 있다 하면 그만이 아닌가?"

"?"

"내 말을 잘 듣게. 만일 자네가 그 돈을 갚지 않고 있으면 돈 받을 자가 재산을 차압을 하지 않겠나?"

"그렇지."

"여보게, 내 말은 그자들이 차압을 하기 전에 자네가 한 푼도 없는 사람이 되어 버리면 그만이 아닌가?"

"에끼 사람, 그만두게, 나는 정말 걱정일세. 농담은 그만두고 좀 생각 좀 해 주게."

상렬은 웃으며 정환에게 간청하듯 말했다.

"허, 누가 농담을 한단 말인가. 자세히 설명할 터이니 들어 보게. 자네가 거짓 증서를 하나 쓰거든."

"어떻게……."

"삼십만 원쯤 자네가 나에게 차용한 것같이 거짓 증서를 써 가지고 내 앞으로 공정 증서를 낸단 말일게."

"공정 증서?"

"옳지, 자네 재산은 전부 내 것이라고, 즉 삼십만 원 대부해 준 까닭에 그 돈을 갚기 전에는 자네 재산은 아무도 손대지 못하게 내 것이라고 공정 증명서를 하나 내놓으면 누가 보든지 자네 재산은 내 것이 되어 있으니 아무 놈도 손을 못 대지 않겠나."

"그래……."

상렬은 너무 감격하였다. 지금 세상의 법률이란 이다지도 교묘하며 이다지도 나를 위해 갖은 법을 다 마련해 두었던가 하는 생각이 들었기

때문이었다. 상렬은 집에 돌아와 갓을 벗어 걸고 큰기침은 한 후,

"아가?"

하고 크게 불렀다. 그믐날 밤은 잠을 자면 눈썹이 센다고 막내아들과 딸들이 안방에서 떠들고 있었다. 두어 번 연달아 부르는 사이에,

"네."

하고 며느리가 사랑으로 달려왔다.

"준비가 다 되었느냐?"

"네."

"하룻날 제사는 일찍 모시게 해라. 세배꾼들이 오기 전에."

"네."

그믐날 밤인 탓인지 며느리의 대답 소리는 평소보다 부드럽고 공손하였다. 물론 이만한 말을 하기 위하여 며느리를 사랑까지 불러 낼 것도 아니며, 전 같으면 며느리가 곁에 있더라도 마누라를 불러 분부하는 것이었으나, 이제 듣고 온 이정환의 말이 생각났으므로 당장에 음모 공작을 개시하려고 일부러 며느리를 불러 낸 것이었다. 그러나 며느리의 공손스런 태도를 보매, 그만 가슴이 턱 막혔졌다.

"아가, 춥지 않느냐. 잠깐 누워들 쉬어라."

그는 이 말을 정환의 일러 준 계교로 하려던 것이 참으로 속으로 솟아나오는 위로의 말이 되고 말았다.

"네, 아버님. 시장하시지 않습니까. 벌써 열두 시나 되었습니다."

"아니다, 그만둬라."

"약식이 다 됐습니다. 조금 가져오리까?"

며느리는 염려되는 듯이 조용히 물었다. 상렬은 정환과 자기가 조금 전에 어떠한 이야기를 하고 왔는지도 모르고 있는 며느리가 가엾기도 하고 또 스스로 부끄럽기도 하였다.

"그만둬라. 어서 들어가 좀 쉬어라."

말소리가 떨리어 나왔다.

"네."

며느리는 손을 이불 아래 넣어 방바닥을 만져 차지나 않은가 하고 물은 후 살그머니 물러나갔다.

"어허이."

상렬은 길게 한숨을 쉬고 드러누웠다.

"나는 정말 못하겠구나."

하고 중얼거렸다. 그는 정환이가 가르쳐 주던 계교가 다시금 생각났다.

"될 수 있는 대로 며느리를 귀히 여기는 척하여 그 동안 상했던 사이를 회복시킨 후 이혼만 하면 아들이 돌아온다고, 네 이혼장에 도장만 찍어 동경으로 보내면 아들이 돌아올 터이니 돌아오면 시부모가 잘 회유하여 서로 의가 상합하도록 할 터이니 염려 말고 도장만 찍어라. 그리고 너의 친정 부모도 알면 재미 없으니 네가 가만히 도장을 찍어 가지고 오너라."

고만 자꾸 꾀라던 정환의 얼굴이 떠오르며 몸에 소름이 끼쳤다.

'법률이 이러한 간사한 꾀를 용납시킨다 하더라도 사람으로서 차마 못할 짓이다.'

라고 상렬은 생각하였다. 그러며 한편 자기 재산에 대하여는 정환이가 말하는 대로만 하리라고 결정하였다.

정월 대보름이 지난 후 어느 날 사랑에 내려온 마누라를 보고 상렬은 정환이에게서 들은 계교를 이야기하였다. 이 말을 듣고 난 마누라는 명절 때마다 더욱 간절한 아들 생각에 속을 상하던 마음이라 펄쩍 뛰듯이 기뻐했다.

"암만 해도 내 자식이 있은 후에라야 남의 자식 사정을 보는 법이야."

하며 당장에 그 계교를 쓰겠다고 야단을 했다.

"안돼……."

상렬은 그믐날 밤 이후 끝없이 가엾게 보이는 며느리를 차마 속여넘기기가 가슴이 아팠다.

"영감은 정신이 빠졌소. 그래 이대로만 있다가 걔가 동경서 영영 안 나오면 어떻게 하며, 동경보다 더 먼 데로 가 버리면 어쩔 테요. 그리고 또 원래 싫은 부부를 사람의 힘으로 어떻게 하나요. 피차 팔자가 아니야요."

하고 마누라는 빡빡 세웠다.

상렬은 잠잠하고 앉았다가 도장을 주머니에 넣어 가지고 집을 나섰다. 이미 자기 집 재산은 전부 동산, 부동산 할 것 없이 하나도 남기지 않고 이정환의 앞으로 공정 증명을 내기로 준비가 다 되었던 것이었다. 물론 상렬도 자기의 전 재산을 남의 명의 아래 두기가 위태한 것 같기는 하나, 이정환의 재산도 이삼십만 원은 될 뿐 아니라 죽마고우로서 오늘까지 친형제 진배없이 지내 왔던 터이라 십분 안심하였던 것이다. 만일 그대로 두었다가는 채권자에게 그대로 홀짝 빼앗길 것이었으므로 그는 아주 맘을 놓았던 것이었다. 그러므로 그 날 모든 수속을 마치고 집에 돌아오니 한쪽 어깨가 가뿐하여 맘이 무척 상쾌하였다.

"아가…… 술 한잔 덥혀 다오."

"어, 이제 안심이다. 너희들은 몰랐어도 나는 그 보증해 준 것 때문에 어떻게 염려를 했는지 모른다."

상렬은 술잔을 들며 이렇게 말하였다.

"안심이라니, 어떻게 된 셈이요?"

마누라도 이미 보증해 준 오만 원 까닭에 무척 애를 써 오던 터이라 반기어 물었다.

"이야기할 테니 듣소."

상렬은 정환과 그 동안 해 놓은 공정 증서 이야기를 다 했다. 마누라는 자세히 듣고 나더니 만일 며느리가 장차 이혼을 당하고 나면 누설하지 않을까 두려운 듯이 상렬에게 눈짓으로 염려하는 표정을 지었다. 그러나 상렬은 요즈음 그 며느리가 가엾어 가슴이 아픈 터이라 모르는 척하고,

"아가, 이제는 안심해라."

하고 연달아 술잔을 기울였다. 마누라도 지금까지와는 태도가 일변하여 며느리를 무척 중히 여기는 척하였다. 상렬은 비록 자기 마누라가 거짓으로 며느리를 사랑하나 며느리는 그 사랑을 참으로 받고 감격하여 공손히 받드는 것을 보매 도리어 마누라와 아들이 얄밉고 괘씸하여졌다.

"아버님, 드릴 말씀은 아니올시다만 제 생각에는 염려가 되옵니다."

하고 며느리는 상렬 부부의 맘 속에는 무관심하고 의젓케 입을 열었다.

"엉? 무엇이!"

"아무리 친하신 사이시라도 사람의 속을 어떻게 알으실 수 있습니까? 그러하오면 전 가산이 이정환 씨 명의로 있게 되오니 염려올시다. 아무 증인도 없는데⋯⋯. 아니올시다. 설혹 증인이 있다더라도 벌써 법률적으로 뚜렷이 그분의 것이오니 그분이 만일 마음을 잘못 쓰신다면 어떻게 하겠습니까?"

하고 며느리는 얼굴이 푸르러졌다.

"엉?"

상렬은 심 황후를 만난 심 봉사처럼 두 눈이 활짝 뜨인 것같이 벌떡 일어났었다.

"아가, 네 말이 과연 옳구나. 법률이란 참 교묘하구나. 위에 위가 있고, 아래에 또 아래가 있어 끝이 없겠구나. 만일 정환이가 거짓 증거 아니라고 하면 그만이지."

"아이참, 그래. 그러면 어쩌나."

마누라도 펄쩍 뛰었다. 상렬은 바쁘게 정환의 집으로 달려갔다.

부록

작가와 작품 스터디

● 심훈 (1901~1936)

심훈은 서울에서 태어났으며, 본명은 대섭이다. 15세 때 경성 제일 고등 보통 학교에 입학했으며, 4학년이던 1919년에 3·1 운동에 가담했다. 이 일로 체포되어 옥고를 치르다가 7월에 집행 유예로 풀려났다.

이후 문학의 길을 걷기로 결심한 심훈은, 20세 때 중국 유학길에 올라 상하이의 지강 대학 극문학부에 입학했다. 이 때 배운 것들은 훗날 극 예술에 관심을 가지고 작품을 쓰는 계기가 되었다.

귀국하여 우리 나라 최초의 영화 소설인 〈탈춤〉을 〈동아 일보〉에 연재하기 시작하면서부터 영화인으로 데뷔했다. 그 뒤로 시 〈그 날이 오면〉, 장편 〈영원의 미소〉·〈직녀성〉, 단편 〈황공의 최후〉를 비롯한 많은 작품을 발표했다. 1935년에는 〈동아 일보〉에 〈상록수〉가 당선되어 이름을 떨쳤으나, 이듬해 장티푸스로 세상을 떠났다.

● 백신애 (1908~1939)

백신애는 경상 북도 영천에서 태어났으며, 본명은 무잠이다. 대구 사범 학교를 졸업하고 자인 공립 보통 학교에서 아이들을 가르쳤다. 영성 동우회, 여자 청년 동맹 등에 가입해 계몽 운동에도 참여했다. 일본에서 문학과 연극을 공부하기도 했다. 1928년 〈조선 일보〉 신춘 문예에 〈나의 어머니〉가 당선되어 등단했다. 시베리아 여행 경험을 바탕으로 한 〈꺼래이〉를 발표하면서 문단의 주목을 받았다. 리얼리즘 경향의 작품이 대부분으로, 〈적빈〉, 〈호도〉, 〈빈곤〉 등 10여 편이 조금 넘는 작품들이 있다. 그는 젊은 나이에 요절했다.

● **탈춤**　희곡 형식으로 쓰여진 탈춤은, 일영과 혜경의 사랑 이야기를 다루고 있다. 일영과 혜경은 서로 사랑하고 있지만 일영은 이미 결혼한 아내가 있고 혜경은 그를 좋아하는 준상의 꾐에 빠져 결국 준상과 결혼을 하게 된다. 일영의 친구 흥열은 혜경을 짝사랑하여 몰래 위험에 빠진 그녀를 도와 주며 끝까지 지켜 준다. 혜경은 결국 폐결핵으로 죽는다.

● **황공의 최후**　'사지'는 비록 개이지만 사자처럼 육식을 즐기며 곧잘 닭을 공격한다. '나'는 처음에는 그런 개의 모습을 보며 걱정을 했지만 미친개가 '나'를 공격할 때 '사지'가 달려들어 물리친 후 더욱 예뻐하게 된다. 마을 사람들은 포악한 개를 두고 걱정을 하지만 '나'는 그럴수록 더욱 감싸며 아낀다. 어느 날 잠시 집을 비운 사이 마을 사람들이 '사지'를 잡아 가마 속에 끓이고 있는 것을 발견한다. '나'는 그 모습을 보고 화가 나 분풀이를 해 보지만 죽은 개는 돌아오지 않는다.

● **적빈**　매촌댁은 허드렛일을 해 주고 밥을 얻어 먹으며 산골에서 살아가고 있다. 두 아들이 있으나 모두 자기 한 몸 건사하기도 빠듯한 형편이다. 그러다 두 며느리가 동시에 임신을 하게 된다. 산달이 가까워지면서 매촌댁의 걱정은 늘어만 간다. 해산 후 며느리에게 줄 곡식을 마련하기 위해 여기저기서 구걸을 한다. 비참할 정도로 가난한 일가의 모습과 매촌댁의 극진한 모성애가 잘 드러나 있다.

● **꺼래이**　순이네 가족은 삼 년 전에 러시아로 떠나 농사를 짓고 살던 아버지가 죽자 해골이라도 찾아오기 위해 러시아로 떠난다. 그 길에서 농토를 찾아 러시아로 떠나는 사람들을 만나게 된다. 하지만 그들은 죄인처럼 끌려다니며 갖은 고생을 한다. 러시아로 가면 땅을 준다는 말에 나섰으나 막상 러시아로 들어가지도 못하고 갇힌다. 결국 국경으로 쫓겨 가던 중 할아버지가 죽고 만다. 우리 민족의 수난사가 사실적으로 그려져 있다.

논술 가이드

〈탈춤〉의 두 대목입니다. 제시문을 읽고 다음 문제에 답하시오.

[문항 1]

> "나는 아직 독신입니다."
> 하는 대답이 입 밖을 튀어나오려고 입 안에서 뱅뱅 돌 때에 속일 수 없는 양심의 혓바닥을 속으로 끌어들였다. 일영은 용기를 내어,
> "……아내가 있습니다!"
> 하고 바른대로 토해 버렸다.

> 병실로 돌아온 홍열은 혜경의 발치에 가 털썩 주저앉으며 주사를 맞고 곤히 누운 혜경의 손을 잡고 양초로 빚어 낸 듯이 희고 매끈한 손등을 제 뺨에다 비빈다. 이 보드라운 손이 온기가 걷혀 얼음장같이 얼어 버릴 것인가? 이다지도 수척한 살이 다시 한 번 피어 보지도 못하고 이대로 썩어 한 줌의 흙으로 화해 버릴 것인가? 그것이 정말일까?

(1) 첫번째 글에서 일영은 자신이 결혼을 했음을 고백합니다. 여러분이 일영의 입장이었다면 혜경에게 무엇이라고 말했을까요? 각자 말해 봅시다.

----

(2) 소설에서 홍열은 뒤에서 묵묵히 혜경을 지켜 줍니다. 만약 여러분이 홍열의 친구라면 죽음을 앞둔 혜경을 바라보는 그에게 어떤 조언을 해 줄 수 있을까요?

〈황공의 최후〉의 한 대목입니다. 제시문을 읽고 다음 문제에 답하시오.
[문항 2]

> 사지가 고기를 먹고 싶었던 것과, 내가 육식을 하고 싶었던 것은 그 동기에 있어서 같다. 저보다 약한 것을 잡아먹어 저의 식욕을 채우는 것을 사람들이 떳떳하고 정당하게 여기는 것과 같이, 남의 살을 뜯고 피를 빨지 못하는 사람을 도리어 못난 놈, 빙충맞은 놈으로 여기는 것과 같이 개의 경우에 있어서도 잘못된 행동이 아닌 것이 분명하다. 눈앞의 먹을 것을 보고 달려들어 문 것은 사지가 다른 제 동족보다 용감하였기 때문이다. 사지에게 무슨 죄가 있느냐?

(1) 윗글에서 '나'는 저보다 약한 것을 잡아먹는 것은 떳떳하고 정당하며 그렇지 못한 것은 못난 것이라고 말하고 있습니다. 힘의 논리에 따른 '나'의 생각에 대한 각자의 의견을 말해 봅시다.

----

(2) 윗글에서 '나'는 고기를 먹고 싶어하는 '사지'의 마음과 '나'의 마음은 같은 것이라고 말하고 있습니다. 그렇다면 여기서 '사지'를 바라보는 '나'의 생각은 무엇일까요? 만약 여러분이 키우고 있는 개가 다른 동물을 죽인다면 어떻게 행동할까요? 각자의 생각을 말해 봅시다.

〈적빈〉의 두 대목입니다. 제시문을 읽고 다음 문제에 답하시오.

[문항 3]

> 집으로 돌아오는 길에도 행여나 벙어리와 마주칠까 해서 명태 한 마리는 품에 숨긴 채 왼편으로 부엌 한 옆에 구덩을 파고 넣어 둔 쌀항아리 뚜껑을 열고 명태를 쌀 속에 파묻어 두었다. 그리고 자기도 어디 가서 좀 일을 해 주고 점심으로 떼우리라는 생각으로 그대로 집을 나왔다.

> "저것을 무엇을 먹일까!"
> 늙은이는 자기 집 나무 밑에 감추어 둔 보리 두 되가 생각났으나 지금 그것을 가지러 가려 하니 몸을 빼서 나갈 수 없고 도야지를 시키니 작은며느리에게 들킬까 걱정이 되어 자기 팔이라도 베이고 싶었다.

(1) 첫번째 글에서 매촌댁은 집으로 돌아오는 길에 벙어리와 마주칠까 봐 조마조마하는 마음으로 명태 한 마리를 품고 있습니다. 벙어리에게 들키지 않으려는 속마음은 무엇일까요? 각자 추측하여 말해 봅시다.

----

(2) 두 번째 글에서 벙어리가 아이를 낳자 매촌댁은 곡식이 없음을 걱정하며 자기 팔이라도 베이고 싶어 합니다. 첫번째 글과 비교하면서, 벙어리를 향한 매촌댁의 마음을 설명해 봅시다.

〈꺼래이〉의 두 대목입니다. 제시문을 읽고 다음 문제에 답하시오.
[문항 4]

> 순이는 그들의 중얼거리는 말소리에서,
> "꺼래이 꺼래이……."
> 하는 가장 귀익은 단어가 화살같이 두 귀에 꽂히는 것을 느꼈습니다.
> 꺼래이라는 것은 고려라는 말이니, 즉 조선 사람을 가리키는 것이었습니다. 꺼래이라는 그 귀익고 그리운 소리가 그 때의 순이들에게는 끝없는 분노를 자아내는 말 같았습니다.

> 순이는 갑판 위에서 이불을 노나 덮던 그 때의 쿨리의 울며 순종하던 얼굴을 생각해 보았습니다. 능히 자기가 앉을 수 있었던 자리를 조선 청년에게 양보해 준 그의 마음 속이 가엾었습니다. 쿨리가 자리를 물려 준 그 마음은 도덕적 예의에 따른 것이 아님은 뻔히 아는 일이었습니다. 그 자리에 자기와 같은 중국 사람이 하나라도 끼여 있었더라면 그는 그렇게 서 있지는 않았을 것입니다.

(1) 첫번째 글에서 순이는 '꺼래이'라는 말을 듣고 분노를 느꼈습니다. 과연 순이가 그같은 감정을 느낀 까닭은 무엇일까요? 각자 서술해 봅시다.

(2) 두 번째 글에서 쿨리는 다른 민족 사이에서 몹시 위축되어 있습니다. 다른 나라의 사람을 어떻게 대해야 할지, 우리 나라에 있는 외국인 노동자들을 생각하면서 자신의 의견을 말해 봅시다.

〈베스트 논술 한국대표문학〉(전60권) 목록

권별	작품	작가
1	무정 I	이광수
2	무정 II	이광수
3	무명 · 꿈 · 옥수수 · 할멈	이광수
4	감자 · 시골 황 서방 · 광화사 · 붉은 산 · 김연실전 외	김동인
5	발가락이 닮았다 · 왕부의 낙조 · 전제자 · 명문 외	김동인
6	배따라기 · 약한 자의 슬픔 · 광염 소나타 외	김동인
7	B사감과 러브레터 · 서투른 도적 · 술 권하는 사회 · 빈처 외	현진건
8	운수 좋은 날 · 까막잡기 · 연애의 청산 · 정조와 약가 외	현진건
9	벙어리 삼룡이 · 뽕 · 젊은이의 시절 · 행랑 자식 외	나도향
10	물레방아 · 꿈 · 계집 하인 · 별을 안거든 우지나 말 걸 외	나도향
11	상록수 I	심훈
12	상록수 II	심훈
13	탈춤 · 황공의 최후 / 적빈 · 꺼래이 · 혼명에서 외	심훈 / 백신애
14	태평 천하	채만식
15	레디메이드 인생 · 순공 있는 일요일 · 쑥국새 외	채만식
16	명일 · 미스터 방 · 민족의 죄인 · 병이 낫거든 외	채만식
17	동백꽃 · 산골 나그네 · 노다지 · 총각과 맹꽁이 외	김유정
18	금 따는 콩밭 · 봄봄 · 따라지 · 소낙비 · 만무방 외	김유정
19	백치 아다다 · 마부 · 병풍에 그린 닭이 · 신기루 외	계용묵
20	표본실의 청개구리 · 두 파산 · 이사 외 / 모범 경작생	염상섭 / 박영준
21	탈출기 · 홍염 · 고국 · 그믐밤 · 폭군 · 박돌의 죽음 외	최서해
22	메밀꽃 필 무렵 · 낙엽기 · 돈 · 석류 · 들 · 수탉 외	이효석
23	분녀 · 개살구 · 산 · 오리온과 능금 · 가을과 산양 외	이효석
24	무녀도 · 역마 · 까치 소리 · 화랑의 후예 · 등신불 외	김동리
25	하수도 공사 / 지맥 / 그 날의 햇빛은 · 갈가마귀 그 소리	박화성 / 최정희 / 손소희
26	지하촌 · 소금 · 원고료 이백 원 외 / 경희	강경애 / 나혜석
27	제3인간형 / 제일과 제일장 외 / 사랑 손님과 어머니 외	안수길 / 이무영 / 주요섭
28	날개 · 오감도 · 지주 회시 · 환시기 · 실화 · 권태 외	이상
29	봉별기 · 종생기 · 조춘점묘 · 지도의 암실 · 추등잡필	이상
30	화수분 외 / 김 강사와 T교수 · 창랑 정기 / 성황당	전영택 / 유진오 / 정비석

권별	작품	작가
31	민촌 / 해방 전후 · 달밤 외 / 과도기 · 강아지	이기영 / 이태준 / 한설야
32	소설가 구보씨의 일일 / 장삼이사 · 비오는 길 / 석공 조합 대표 / 낙동강 · 농촌 사람들 · 저기압	박태원 / 최명익 송영 / 조명희
33	모래톱 이야기 · 사하촌 외 / 갯마을 / 혈맥 / 전황당인보기	김정한 / 오영수 / 김영수 / 정한숙
34	바비도 외 / 요한 시집 / 젊은 느티나무 외 / 실비명 외	김성한 / 장용학 / 강신재 / 김이석
35	잉여 인간 / 불꽃 / 꺼삐딴 리 · 사수 / 연기된 재판	손창섭 / 선우휘 / 전광용 / 유주현
36	탈향 외 / 수난 이대 외 / 유예 / 오발탄 외 / 4월의 끝	이호철/ 하근찬/ 오상원/ 이범선/ 한수산
37	총독의 소리 / 유형의 땅 / 세례 요한의 돌	최인훈 / 조정래 / 정을병
38	어둠의 혼 / 개미귀신 / 무진 기행 · 서울 1964년 겨울 외	김원일 / 이외수 / 김승옥
39	뫼비우스의 띠 / 악령 / 식구 관촌 수필 / 기억 속의 들꽃 / 젊은 날의 초상	조세희 / 김주영 / 박범신 이문구 / 윤흥길 / 이문열
40	김소월 시집	김소월
41	윤동주 시집	윤동주
42	한용운 시집	한용운
43	한국 고전 시가와 수필	유리왕 외
44	한국 대표 수필선	김진섭 외
45	한국 대표 시조선	이규보 외
46	한국 대표 시선	최남선 외
47	혈의 누 · 모란봉	이인직
48	귀의 성	이인직
49	금수 회의록 · 공진회 / 추월색	안국선 / 최찬식
50	자유종 · 구마검 / 애국부인전 / 꿈하늘	이해조 / 장지연 / 신채호
51	삼국유사	일연
52	금오신화 / 홍길동전 / 임진록	김시습 / 허균 / 작자 미상
53	인현왕후전 / 계축일기	작자 미상
54	난중일기	이순신
55	흥부전 / 장화홍련전 / 토끼전 / 배비장전	작자 미상
56	춘향전 / 심청전 / 박씨전	작자 미상
57	구운몽 · 사씨 남정기	김만중
58	한중록	혜경궁 홍씨
59	열하일기	박지원
60	목민심서	정약용

〈베스트 논술 한국대표문학〉에 실린 소설과 교과서 대조표

* 〈베스트 논술 한국대표문학〉에 실린 소설과 현행 국어·문학 18종 교과서의 수록 내용을 비교·분석하였다.

● 초등 학교 교과서(국어)

> 금오신화, 구운몽, 심청전,
> 흥부전, 토끼전, 박씨전,
> 장화홍련전, 홍길동전

● 국정 교과서

작품	작가	교과목
고향	현진건	고등 학교 문법
동백꽃	김유정	중학교 국어 2-1, 중학교 국어 3-1
벙어리 삼룡이	나도향	중학교 국어 1-1
봄봄	김유정	고등 학교 국어(상)
사랑 손님과 어머니	주요섭	중학교 국어 2-1
오발탄	이범선	중학교 국어 3-1
운수 좋은 날	현진건	중학교 국어 3-1

● 고등 학교 문학 교과서

작품	작품	출판사
감자	김동인	교학, 지학, 디딤돌, 상문
갯마을	오영수	문원, 형설
고향	현진건	두산, 지학, 청문, 중앙, 교학, 문원, 민중, 블랙, 디딤돌
관촌 수필	이문구	지학, 문원, 블랙
광염 소나타	김동인	천재, 태성

금 따는 콩밭	김유정	중앙
금수회의록	안국선	지학, 문원, 블랙, 교학, 대한, 태성, 청문, 디딤돌
김 강사와 T교수	유진오	중앙
까마귀	이태준	민중
꺼삐딴 리	전광용	지학, 중앙, 두산, 블랙, 디딤돌, 천재, 케이스
날개	이상	문원, 교학, 중앙, 민중, 천재, 형설, 청문, 태성, 케이스
논 이야기	채만식	두산, 상문, 중앙, 교학
닳아지는 살들	이호철	천재, 청문
동백꽃	김유정	금성, 두산, 블랙, 교학, 상문, 중앙, 지학, 태성, 형설, 디딤돌, 케이스
두 파산	염상섭	문원, 상문, 천재, 교학
등신불	김동리	중앙, 두산
만무방	김유정	민중, 천재, 두산
메밀꽃 필 무렵	이효석	금성, 상문, 중앙, 교학, 문원, 민중, 블랙, 디딤돌, 지학, 청문, 천재, 케이스
모래톱 이야기	김정한	디딤돌, 교학, 문원
모범경작생	박영준	중앙
뫼비우스의 띠	조세희	두산, 블랙
무녀도	김동리	천재, 지학, 청문, 금성, 문원, 민중, 케이스

작품	작가	출판사
무정	이광수	디딤돌, 금성, 두산, 교학, 한교
무진기행	김승옥	두산, 천재, 태성, 교학, 문원, 민중, 케이스
바비도	김성한	민중, 상문
배따라기	김동인	상문, 형설, 중앙
벙어리 삼룡이	나도향	민중
복덕방	이태준	블랙, 교학
봄봄	김유정	디딤돌, 문원
붉은 산	김동인	중앙
B사감과 러브레터	현진건	교학
사랑 손님과 어머니	주요섭	중앙, 디딤돌, 민중, 상문
사수	전광용	두산
사하촌	김정한	중앙, 문원, 민중
산	이효석	문원, 형설
서울, 1964년 겨울	김승옥	문원, 블랙, 천재, 교학, 지학, 중앙
성황당	정비석	형설
소설가 구보씨의 일일	박태원	중앙, 천재, 교학, 대한, 형설, 문원, 민중
수난 이대	하근찬	교학, 지학, 중앙, 문원, 민중, 디딤돌, 케이스
애국부인전	장지연	지학, 한교
어둠의 혼	김원일	천재
역마	김동리	교학, 두산, 천재, 태성, 형설, 상문, 디딤돌

작품	작가	출판사
역사	김승옥	중앙
오발탄	이범선	교학, 중앙, 금성, 두산
요한 시집	장용학	교학
운수 좋은 날	현진건	금성, 문원, 천재, 지학, 민중, 두산, 디딤돌, 케이스
유예	오상원	블랙, 천재, 중앙, 교학, 디딤돌, 민중
자유종	이해조	지학, 한교
장삼이사	최명익	천재
전황당인보기	정한숙	중앙
젊은 날의 초상	이문열	지학
젊은 느티나무	강신재	블랙, 중앙, 문원, 상문
제일과 제일장	이무영	중앙
치숙	채만식	문원, 청문, 중앙, 민중, 상문, 케이스
탈출기	최서해	형설, 두산, 민중
탈향	이호철	케이스
태평 천하	채만식	지학, 금성, 블랙, 교학, 형설, 태성, 디딤돌
표본실의 청개구리	염상섭	금성
학마을 사람들	이범선	민중
할머니의 죽음	현진건	중앙
해방 전후	이태준	천재
혈의 누	이인직	천재, 금성, 민중, 교학, 태성, 청문
홍염	최서해	상문, 지학, 금성, 두산, 케이스
화수분	전영택	태성, 중앙, 디딤돌, 블랙

〈베스트 논술 한국대표문학〉에 실린 시와 교과서 대조표

* 〈베스트 논술 한국대표문학〉에 실린 시와 현행 국어 · 문학 18종 교과서의 수록 내용을 비교 · 분석하였다.

작품	작가	출판사
가는 길	김소월	지학, 블랙, 민중
가을의 기도	김현승	블랙
겨울 바다	김남조	지학
고향	백석	형설
국경의 밤	김동환	지학, 천재, 금성, 블랙, 태성
국화 옆에서	서정주	민중
귀천	천상병	지학, 디딤돌
귀촉도	서정주	지학
그 날이 오면	심훈	지학, 블랙, 교학, 중앙
그대들 돌아오시니	정지용	두산
그 먼 나라를 알으 십니까	신석정	교학, 대한
껍데기는 가라	신동엽	지학, 천재, 금성, 블랙, 교학, 한교, 상문, 형설, 청문
꽃	김춘수	금성, 문원, 교학, 중앙, 형설
끝없는 강물이 흐르네	김영랑	디딤, 교학
나그네	박목월	천재, 블랙, 중앙, 한교
나룻배와 행인	한용운	문원, 블랙, 대한, 형설
남신의주 유동 박시봉방	백석	지학, 두산, 상문

작품	작가	출판사
남으로 창을 내겠소	김상용	지학, 한교, 상문
내 마음은	김동명	중앙, 상문
내 마음을 아실 이	김영랑	한교
농무	신경림	지학, 디딤, 금성, 블랙, 교학, 형설, 청문
누가 하늘을 보았다 하는가	신동엽	두산
눈길	고은	문원
님의 침묵	한용운	지학, 천재, 두산, 교학, 민중, 한교, 태성, 디딤돌
떠나가는 배	박용철	지학, 한교
머슴 대길이	고은	디딤돌, 천재
먼 후일	김소월	청문
모란이 피기까지는	김영랑	지학, 천재, 금성, 형설
목계 장터	신경림	문원, 한교, 청문
목마와 숙녀	박인환	민중
바다와 나비	김기림	금성, 블랙, 한교, 대한, 형설
바위	유치환	금성, 문원, 중앙, 한교
별 헤는 밤	윤동주	문원, 민중
봄은 간다	김억	한교, 교학
봄은 고양이로다	이장희	블랙

작품	작가	출판사
불놀이	주요한	금성, 형설
빼앗긴 들에도 봄은 오는가	이상화	지학, 천재, 문원, 블랙, 디딤돌, 중앙
산 너머 남촌에는	김동환	천재, 블랙, 민중
산유화	김소월	두산, 민중
살아 있는 것이 있다면	박인환	대한, 교학
살아 있는 날은	이해인	교학
생명의 서	유치환	한교, 대한
샤갈의 마을에 내리는 눈	김춘수	지학, 블랙, 태성
서시	윤동주	디딤돌, 민중
설일	김남조	교학
성묘	고은	교학
성북동 비둘기	김광섭	지학
쉽게 씌어진 시	윤동주	지학, 디딤돌, 중앙
승무	조지훈	지학, 디딤돌, 금성
알 수 없어요	한용운	중앙, 대한
어서 너는 오너라	박두진	디딤돌, 금성, 한교, 교학
오감도	이상	디딤돌, 대한
와사등	김광균	민중
우리가 물이 되어	강은교	지학, 문원, 교학, 형설, 청문, 디딤돌
우리 오빠의 화로	임화	디딤돌, 대한
울음이 타는 가을 강	박재삼	지학, 교학
자수	허영자	교학

작품	작가	출판사
자화상	노천명	민중
절정	이육사	지학, 천재, 금성, 두산, 문원, 블랙, 교학, 태성, 청문, 디딤돌
접동새	김소월	교학, 한교
조그만 사랑 노래	황동규	문원, 중앙
즐거운 편지	황동규	지학, 형설, 청문
진달래꽃	김소월	천재, 태성
청노루	박목월	지학, 문원, 상문
초토의 시 8	구상	지학, 천재, 두산, 상문, 태성
초혼	김소월	디딤돌, 금성, 문원
타는 목마름으로	김지하	디딤돌, 금성, 문원, 민중
풀	김수영	지학, 금성, 민중, 한교, 태성
프란츠 카프카	오규원	천재, 태성
피아노	전봉건	태성
해	박두진	두산, 블랙, 민중, 형설
해에게서 소년에게	최남선	지학, 천재, 금성, 두산, 문원, 민중, 한교, 대한, 형설, 태성, 청문, 디딤돌
향수	정지용	지학, 문원, 블랙, 교학, 한교, 상문, 청문, 디딤돌

〈베스트 논술 한국대표문학〉에 실린 시조와 교과서 대조표

* 〈베스트 논술 한국대표문학〉에 실린 시조와 현행 국어 · 문학 18종 교과서의 수록 내용을 비교 · 분석하였다.

작품	작가	출판사
가노라 삼각산아	김상헌	교학, 형설
가마귀 눈비 맞아	백팽년	교학
가마귀 싸우는 골에	정몽주 어머니	교학
강호 사시가	맹사성	디딤돌, 두산, 교학
고산구곡	이이	한교
공명을 즐겨 마라	김삼현	지학
구름이 무심탄 말이	이존오	천재
국화야 너난 어이	이정보	블랙
녹초 청강상에	서익	지학
농암가	이현보	민중
뉘라서 가마귀를	박효관	교학
님 그린 상사몽이	박효관	천재
대추볼 붉은 골에	황희	중앙
도산 십이곡	이황	디딤돌, 블랙, 민중, 형설, 태성
동짓달 기나긴 밤을	황진이	지학, 천재, 금성, 두산, 문원, 교학, 상문, 대한
마음이 어린후니	서경덕	지학, 금성, 블랙, 한교
말없는 청산이요	성혼	지학, 천재
방안에 혔는 촛불	이개	천재, 금성, 교학
백구야 말 물어보자	김천택	지학
백설이 쟈자진 골에	이색	지학
삭풍은 나무끝에	김종서	중앙, 형설
산촌에 눈이 오니	신흠	지학

작품	작가	출판사
삼동에 베옷 닙고	조식	지학, 형설
산인교 나린 물이	정도전	천재
수양산 바라보며	성삼문	천재, 교학
십년을 경영하여	송순	지학, 금성, 블랙, 중앙, 한교, 상문, 대한, 형설
어리고 성긴 매화	안민영	형설
어부사시사	윤선도	금성, 문원, 민중, 상문, 대한, 형설, 청문
오리의 짧은 다리	김구	청문
오백년 도읍지를	길재	블랙, 청문
오우가	윤선도	형설
이몸이 죽어가서	성삼문	지학, 두산, 민중, 대한, 형설
이시렴 부디 갈다	성종	지학
이화에 월백하고	이조년	디딤돌, 천재, 두산
이화우 훗뿌릴 제	계랑	한교
재너머 성권농 집에	정철	천재, 형설
천만리 머나먼 길에	왕방연	문원, 블랙
청산리 벽계수야	황진이	지학
추강에 밤이 드니	월산대군	천재, 금성, 민중
춘산에 눈녹인 바람	우탁	디딤돌
풍상이 섞어 친 날에	송순	지학, 청문
한손에 막대 잡고	우탁	금성
훈민가	정철	지학, 금성
흥망이 유수하니	원천석	천재, 중앙, 한교, 디딤돌, 대한

〈베스트 논술 한국대표문학〉에 실린 수필과 교과서 대조표

*〈베스트 논술 한국대표문학〉에 실린 수필과 현행 국어·문학 18종 교과서의 수록 내용을 비교·분석하였다.

작품	작가	출판사
가난한 날의 행복	김소운	천재
가람 일기	이병기	지학
구두	계용묵	디딤돌, 문원, 상문, 대한
그믐달	나도향	블랙, 태성
꼴찌에게 보내는 갈채	박완서	태성
나무	이양하	상문
나무의 위의	이양하	문원, 태성
낭객의 신년 만필	신채호	두산, 블랙, 한교
딸깍발이	이희승	지학, 디딤돌, 청문
멋없는 세상 멋있는 사람	김태길	중앙
무궁화	이양하	디딤돌
백설부	김진섭	지학, 천재, 형설, 태성, 청문
생활인의 철학	김진섭	지학, 태성
수필	피천득	지학, 천재, 한교, 태성, 청문
수학이 모르는 지혜	김형석	청문
슬픔에 관하여	유달영	문원, 중앙
웃음설	양주동	교학, 태성
은전 한 닢	피천득	금성, 대한
이야기	피천득	지학, 청문
인생의 묘미	김소운	지학
지조론	조지훈	블랙, 한교
청춘 예찬	민태원	금성, 블랙
특급품	김소운	교학
폭포와 분수	이어령	지학, 블랙
피딴 문답	김소운	디딤돌, 금성, 한교
행복의 메타포	안병욱	교학
헐려 짓는 광화문	설의식	두산

베스트 논술 한국대표문학 ⑬

탈춤 · 적빈 외

지은이 심훈 / 백신애
펴낸이 류성관
펴낸곳 SR&B(새로본닷컴)
주 소 서울특별시 마포구 망원동 463-2번지
전 화 02)333-5413
팩 스 02)333-5418
등 록 제10-2307호
인 쇄 만리 인쇄사

＊잘못 만들어진 책은 바꾸어 드립니다.